刘亚东◎主编

是什么卡住了我们的脖子

中国工人出版社

c o n t e n t s 目录

c o n t e n t s

c o n t e n t s

引子

是什么卡住了我们的脖子

科技日报总编辑　刘亚东

改革开放40年来，中国的科学技术取得了长足进步，这些举世瞩目的成绩当然值得肯定，但是我们更应该看到差距和不足。我们今天取得的一些喜大普奔的科技成就，比如大飞机，人家半个多世纪前就有了。我们今天正在苦苦攻关的一些重大项目，比如载人登月，美国1969年就大功告成，到2019年整整50年。这些都是看得见、摸得着的差距。

中国的科学技术与美国及其他西方发达国家相比有很大差距，这本来是常识，不是问题。可是，国内偏偏有那么一些人，一会儿说“新四大发明”，一会儿又说“全面赶超”“主体超越”“中国现在的经济实力、科技实力、综合国力都分别超越美国，成为世界第一”，还算得有整有零，说得有鼻子有眼儿。明明是在别人的地基上盖房子，非说自己有完全、永久产权。如果只是鼓舞士气也就罢了，可麻烦的是，发出这些论调的人往往能忽悠了领导，忽悠了公众，甚至忽悠了自己，这就成了问题。

我在日本访问交流时，前文部省次官冲村宪树夸赞中国的经济实力、科技实力，说是很快就可以和美国平起平坐，甚至超越美国。我告诉他，中国要建成现代化强国，还有很漫长的道路要走。冲村不同意我这个说法，到最后我也没能说服他。

冲村的观点在日本很有代表性。无论是左翼还是右翼，都是这样看待中国的。在我看来，我们的某些舆论无疑对此起了推波助澜的作用。那些夸大其词的说法，无论出于什么动机，都有百害而无一利，其结果是误国害民。只有认识到差距，才有可能弥补差距，否则我们的“中国梦”将永远是“中国梦”。就像《礼记·中庸》所说，闻过而终礼，知耻而后勇。

中兴事件让更多的国人正视了中美科技实力的差距，认识到我们还有很多亟待攻克的核心技术，还有很多“卡脖子”的难题让我们在发展的道路上不能扬眉吐气。那么，为什么有那么多的核心技术亟待攻克？是否有一些共性原因？

第一，缺乏科学引领。

科学和技术是两个完全不同的概念，但它们之间有联系。正是由于缺乏科学的指引，才阻碍了我们的技术发展和进步。中国自古以来只有技术传统，而没有科学传统。技术发明靠的是经验的积累，或许还有灵机一动，而科学发现则是建立在系统研究和专业训练的基础上。有人说我们有四大发明。其实，四大发明都属于技术，而且都不是在科学理论指导下的技术创新和突破，跟科学没有一点关系。

比如指南针，我们的先人只知道它很有用，迷不了路，找得着家。没有去研究磁场、磁力线，也不懂得导体切割磁力线时会产生电流，更推导不出麦克斯韦方程。比如火药，我们的先人只满足于它能爆炸的事实，只知道一硝二磺三木炭的配比，而没有深入探讨它的化学和物理机理，所以才止步于黑色火药，没能研发出黄色炸药。有人说，我们的祖先发明了火药，所以才有了后来工业和军事上用的炸药。这种说法是错误的，黄色炸药和黑色火药根本就是风马牛不相及。

只知其然不知其所以然，不求甚解，不究原理，囫囵吞枣……这些倾向今天也在严重影响我们的技术发展和进步。

我们总是说，改革开放40年来，中国科技取得了巨大的成就。准确地说，那是技术成就，而真正的科学成就并没有我们想象的那么大，甚至乏善可陈。科学是技术的源泉。而在科学中，基础科学又是应用科学的源泉。一般而言，科学发现比技术创新难得多，而技术创新又比开发应用难得多。目前中国大多数的技术还处于开发应用和跟踪模仿阶段。核心技术被卡了脖子，这只是一个表象，问题的实质是我们的基础科学大幅落后于美国等西方发达国家。“头痛医头，脚痛医脚”的办法解决不了我们的根本问题。离开科学的指引，技术的发展注定不会走得久远。

第二，缺乏工匠精神。

2017年，中央电视台播了一档节目《大国工匠》，我几乎每集都看了。拍得很好，下了功夫。问题是相对于我们13亿人口，这些大国工匠实在太少了，太稀缺了。

工匠精神意味着不仅仅把所从事的劳动当作赚钱的手段，而是以对职业敬畏、对工作执着、对产品负责的态度，极度注重细节，不断追求完美，从而给客户无可挑剔的体验。

与这种工匠精神相对的，则是“差不多”和“大概其”的态度。胡适创作过一篇传记题材的寓言，叫《差不多先生传》，原载于民国八年（1919年）出版的《新生活》杂志第二期。该文讽刺了当时中国社会那些处事不认真的人，针砭了那种敷衍苟且、得过且过的工作和生活态度。鲁迅也曾说过："中国四万万的民众害着一种毛病。病源就是那个马马虎虎，就是那随它怎么都行的不认真态度。"

古往今来，老百姓的日常生活一刻也离不开工匠。各类手工匠人用他们精湛的技艺为传统生活增添了无数色彩。人类社会进入后工业化时代，一些与现代生活不相适应的老手艺逐渐淡出，但工匠精神永不过时。

然而，中国的传统文化里是瞧不起匠人的。从我们对很多职业的称谓上就能看出这一点，什么剃头匠、泥瓦匠、小炉匠、教书匠……这些就是轻视操作、轻视实践的现实映射。孟子就说过，劳心者治人，劳力者治于人。

当今社会很多人都追求"短、平、快"（即投资少、周期短、见效快）带来的即时利益，从而忽略了产品的品质灵魂。我国制造业存在的大而不强、产品档次和质量整体不高、自主创新能力较弱等问题，在相当程度上是由工匠精神缺失造成的。

几十年来，特别是改期开放初期，我们从日本引进了大量资金、技术和管理。这些无疑都促进了中国的现代化建设。但我认为，中国最需要从日本引进的是其群体性的工匠精神。

我在德国访问时，参观了中德轨道交通联合研发中心的创新工厂，看到很多人穿着工装在一丝不苟、非常专注地工作。我本来以为他们都是工人，后来一打听才知道他们都是工程师！我想，正是凭借这种务实严谨、精益求精的精神，德国人才生产出了莱卡相机、奔驰汽车、克虏伯大炮等，创造了"德国制造"的品牌价值。

第三，缺乏持之以恒的情怀。

浮躁和浮夸是中国科技界流行的瘟疫，而且至少已经持续了 20 年。

从“汉芯一号”公然造假，到红芯浏览器偷天换日；从107篇论文被《肿瘤生物学》杂志撤稿，到韩春雨的实验无法重复的所谓“重大科技成果”，我们很多科技工作者耐不住寂寞，坐不了冷板凳，总想走捷径，弯道超车。

我不喜欢“弯道超车”这个词儿。总结别人的经验，汲取别人的教训，少走弯路，这是对的，也是应该做的。但在更多情形下，“弯道超车”是个伪命题，往往成了投机取巧的代名词。你弯道超车走直线，就意味着别人走曲线，别人都比你傻，这可能吗？很多实践已经证明，弯道超车行不通。

人类科学技术突飞猛进两百年后，今天任何国家在关键领域实现所谓的弯道超车，几乎是不可能的事。

科技日报推出的专栏“亟待攻克的核心技术”的首篇报道《这些“细节”让中国难望顶级光刻机项背》一文提到，2002年，上海微电子装备集团股份有限公司总经理赴德国考察，有德国工程师直截了当告诉他：“给你们全套图纸，也做不出来。”开始他不服气，后来明白了——那里的抛光工人，祖孙三代干着同样一件事，“同样一个镜片，不同工人去磨，光洁度相差十倍”。

比如研发航空发动机，要通过大量实验数据的积累，不断总结、完善、调整、提高，最终才能生产出一款好的产品。要弯道超车的话，我们可以搞到一台别人的不那么先进的航空发动机，照葫芦画瓢，山寨出“八九不离十”的产品。可今后要改进提高，增强性能，你还能做得到吗？

华为总裁任正非说过：“世界都是循序渐进的，我不相信大跃进可以成功。我们公司从来不搞大跃进。”华为的业务为什么做得好？我认为和任正非的这些理念有直接关系。

2018年4月，科技日报推出专栏“亟待攻克的核心技术”，聚焦那些“卡住了我们的脖子”的核心技术状况，就是要用理性的态度和冷静的声音去引导社会舆论，让公众更加清醒地认识到我们的众多技术短板，并实事求是地对中国科技发展抱有合理预期。这也是科学精神的一种体现。

科学精神是人们在长期的科学实践活动中形成的共同信念、价值标准和行为规范的总称，任何一个先进文明社会的公众意识都离不开科学精神的滋养。对今天的中国来说，弘扬科学精神依然任重道远。我们应当充分认识弘扬科学精神在中国的必要性、艰巨性、复杂性和长期性。唯有这样，我们才能真正弄清楚是什么卡住了我们的脖子，早日在那些亟待攻克的核心技术上取得突破，从而变得更加自信而强大。

这些“细节”让中国难望顶级光刻机项背

高 博

制造芯片的光刻机，其精度决定了芯片性能的上限。在“十二五”科技成就展览上，中国生产的最好的光刻机，加工精度是90纳米，这相当于2004年上市的奔腾四CPU的水准，而国外已经做到了十几纳米。

光刻机里有两个同步运动的工件台，一个载底片，一个载胶片。两者需始终同步，误差在2纳米以下。两个工作台由静到动，加速度跟导弹发射差不多。在工作时，相当于两架大飞机从起飞到降落，始终齐头并进，从一架飞机上伸出一把刀，在另一架飞机的米粒上刻字，不能刻坏了。

指甲盖大小的芯片，密布千万电线，纹丝不乱，需要极端精准的照相机——光刻机。光刻机精度，决定了芯片的上限。高精度光刻机产自ASML、尼康和佳能三家，顶级光刻机由ASML垄断。

“十二五”科技成就展览上，上海微电子装备公司（SMEE）生产的中国最好的光刻机，与中国的大飞机、登月车并列。它的加工精度是90纳米，相当于2004年上市的奔腾四CPU的水准。国外已经做到了十几纳米。

祖传的磨镜手艺

光刻机跟照相机差不多，它的底片是涂满光敏胶的硅片。电路图案经光刻机，缩微投射到底片，蚀刻掉一部分胶，露出硅面做化学处理。制造芯片，要重复几十遍这个过程。

位于光刻机中心的镜头，由 20 多块锅底大的镜片串联组成。镜片需要高纯度透光材料 + 高质量抛光。SMEE 光刻机使用的镜片，一块就需要数万美元。

ASML 的镜片是蔡司技术打底。镜片材质做到均匀，需几十年到上百年的技术积淀。

“同样一个镜片，不同工人去磨，光洁度相差十倍。”SMEE 总经理贺荣明说，他在德国看到，抛光镜片的工人，祖孙三代在同一家公司的同一个职位工作。

另外，光刻机需要体积小，但功率高而稳定的光源。ASML 的顶尖光刻机，使用波长短的极紫外光，光学系统极其复杂。

3 万个机械件都要可靠

有顶级的镜头和光源，没极致的机械精度，也是白搭。光刻机里有两个同步运动的工件台，一个载底片，一个载胶片。两者需始终同步，误差在 2 纳米以下。两个工作台由静到动，加速度跟导弹发射差不多。

贺荣明说:“相当于两架大飞机从起飞到降落，始终齐头并进。从一架飞机上伸出一把刀，在另一架飞机的米粒上刻字，不能刻坏了。”

而且，温湿度和空气压力变化会影响对焦。“机器内部温度的变化要控制在 5‰度，得有合适的冷却方法，精准的测温传感器。”贺荣明说。

SMEE 最好的光刻机，包含 13 个分系统，3 万个机械件，200 多个传感器，每一个都要稳定。像欧洲冠军杯决赛，任何一个人发挥失常就要输球。

图纸不是关键

2002 年 SMEE 成立，是中国政府为了填补光刻机空白而立项。贺荣明去德国考察时，有工程师告诉他:“给你们全套图纸，也做不出来。”贺荣明几年后理解了这句话。

并不是说图纸不重要，如何将系统的误差分配到子系统，设计有高下之分。但顶级光刻机也需要细节上的技术洁癖。“一根光纤，一行软件编码，一个小动作，如果不兢兢业业做好，整个系统就不优秀。”贺荣明说。

“发展光刻机，需要高素质的人群。所以我们做来做去，做得最多的是培养人，改变人。”贺荣明说，这需要他们用五十年、一百年的长远眼光去做事情，而不是期望几个月解决问题。

如今SMEE每年增加数百项专利，活得很好，以中低端市场支持高端研发。而国际巨头仍在前进，发展浸没式光刻机（光在水中波长更短）、磁悬浮驱动（减少工作面震动）、反射镜代替透镜技术、真空腔体的极紫外光学系统……

光刻机是制造大规模集成电路的机器。光照在掩膜上，投影一个几何图案到基板上，与基板上的光敏化学制剂反应，之后经过一系列化学处理，将曝光的图案雕刻到材料中，空白的硅片往往要经历50次的光刻循环才成为芯片。

光刻技术的发展维系着摩尔定律，驱动芯片的“分辨率”从1990年的0.5微米缩小到如今的不到10纳米。光刻机的制造和维护需要高度的光学和电子工业基础，世界上只有几家竞争者。光刻机价格昂贵，通常在3千万~5亿美元。

为了将芯片的最小特征尺寸降到50纳米以下，ASML开发了浸没式光刻技术，它用超纯的去离子水折射光线，水不断循环以消除热致扭曲。如果采用更高折射率的流体，芯片就能做得更密集。

最先进的光源则采用极紫外光（EUV），它不再是激光，而是准分子激光激发的锡或氙等离子体的射光。它是生产10纳米级芯片的前提。

EUV光源系统包括多层反射镜，要放置在氢气环境中，好让EUV集电极反射镜不沉积锡。所有物质都会吸收EUV辐射，因此EUV光刻需要真空环境。所有光学元件，包括光掩模，必须使用无缺陷的钼/硅，共40层，通过层间干涉反射光，每一个反射镜都会吸收三成的入射光。系统包含至少两个聚光器多层反射镜、六个投影多层反射镜和多层掩模，会吸收96%的EUV光，因此理想的EUV光源需要非常亮。

只有ASML一家公司掌握浸没式光刻和极紫外光源技术，从而独占尖峰。

中兴的“芯”病，中国的心病

张盖伦　付丽丽

低速的光芯片和电芯片已实现国产，但高速的仍全部依赖进口。国外最先进芯片量产精度为10纳米，我国只有28纳米，差距两代。据报道，在计算机系统、通用电子系统、通信设备、内存设备和显示及视频系统中的多个领域中，我国国产芯片占有率为0。缺“芯”缺在哪儿？为何缺“芯”？怎样补“芯”？这是摆在我们面前亟须解决的问题。

2018年4月，一记重拳向中兴通讯砸下。美国商务部表示，由于中兴通讯违反了曾与美国政府达成的和解协议，7年内禁止美国企业向中兴通讯出口任何技术、产品。

中兴通讯的主营业务有基站、光通信及手机，而芯片在这三大领域均存在一定程度的自给率不足。

若真的禁运，中兴危矣。

有专家称，美国制裁中兴，是警钟，也是集结号。“我们需要反思，但也不能让步。集结号已经吹响，国产芯片何时能上战场？”

每一步都是高难度操作

缺“芯”缺在哪?

中兴通讯被制裁的用于光通信领域的光模块，其主要功能是实现光电及电光转换。光模块中包括光芯片，即激光器和光探测器，还有电芯片，即激光器驱动器、放大器等。低速的（≤ 10Gbps）光芯片和电芯片实现了国产，但高速的（≥ 25Gbps）光芯片和电芯片全部依赖进口。

为何缺“芯”？首先来了解一下“芯片的诞生”。

中国科学院西安光机所副研究员、中科创星创始合伙人米磊介绍，芯片核心产业链流程可以简单描述为设计—制造—封装。

其中有三个关键步骤：第一，提炼高纯度二氧化硅，做成比纸还薄的晶圆；第二，在晶圆上用激光刻出数十亿条线路，铺满几亿个二极管和三极管；第三，把每片晶圆切割封装好——目前指甲盖大小的芯片里能集成150亿个晶体管。

每一步，都需要极精细操作。

“芯片的制造如同用乐高盖房子。先有晶圆作为地基，再层层往上叠，最终完成自己想要的造型（即各式芯片）。”米磊说，做晶圆需要一种特殊的晶体结构——单晶，它可以像原子一样一个挨着一个紧密排列，保证基底平整。

要做出单晶的晶圆，就得对原料硅进行纯化和拉晶。拉晶过程中，“要用到单晶硅生产炉、切片机、倒角机等多种设备和材料，其中90%需要进口。”陕西光电子集成电路先导院总经理张思申介绍。

“还有一个卡住我们的，就是芯片纳米级工艺。”米磊说，当前国际上可达到的芯片量产精度为10纳米，我国能达到的精度为28纳米，还差两代。“而且，关键原材料和设备还都是进口。”

芯片制造难，也烧钱。

制造芯片需要实践，但芯片的实践和试错成本太高，往往一颗芯片就能决定一家公司的生死。如果投入无法获得对等产出，这种耗资巨大的试错和实践就不会持久。“没有持续的实践，技术积累也就是空谈。”而如果没有实践中的经验积累，那么设计制造芯片过程中出错率高，产出率也差，就会形成恶性循环。

美国出了张“大王”

“缺芯现状非短期所能改变，要有耐心。”在由中国计算机学会青年计算机科技论坛（CCF YOCSEF）举办的一场特别论坛上，中国工程院院士李国杰表示，国家芯片水平从某种程度上反映了国家的整体水平。“从设计、加工到设备配套，芯片产业链漫长，涉及领域广，尤其需要经验的累积。”李国杰坦言，“不是说砸钱下去就能把差距追平。”

中科院计算技术研究所研究员包云岗认为，差距的形成和拉大，在一定程度上是由于我国错过了一个时代。20世纪七八十年代，国际芯片产业开始发展并迎来腾飞。“每种芯片发展到今天这样的成熟度，差不多需要万人/年的投入，而且是长期投入。”

我国芯片产业根基薄弱，国际环境也不好。

中国科学院计算技术研究所研究员、龙芯处理器负责人胡伟武感叹，没想到美国这么快就出了张“大王”。“如果禁运发生在五年后，我们或许能应对得更加从容。”

何出此言？胡伟武指出，在国际上，通用CPU的性能于2010年左右已达到了“天花板”；而我国自主研发的通用CPU性能，也预计在2019

年到2020年逼近“天花板”。再过五年或稍长一点时间，围绕自主芯片的生态也可初步形成。“现在主要有两个生态体系，一个是英特尔加微软，一个是ARM加安卓。在我国一些特殊领域，如在能源、交通、金融、电信和国家安全中，国产芯片已经得以应用，再过若干年，到开放市场上或也可以一战。”胡伟武判断。

不要等“做到跟国际水平一样”才用

在当晚的论坛上，主持人展示了一张看起来有些“刺眼”的图：根据

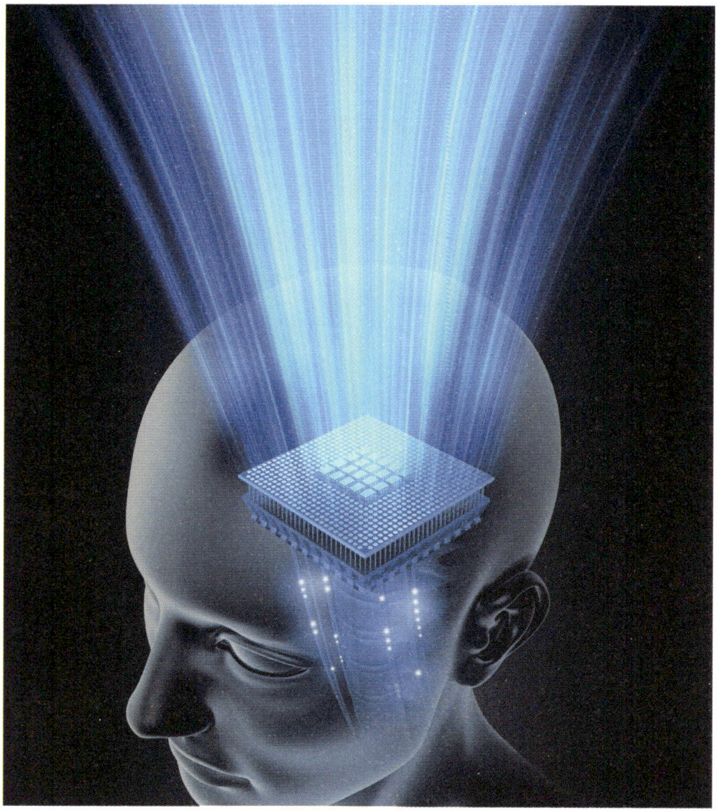

一份分析报告，在计算机系统、通用电子系统、通信设备、内存设备和显示及视频系统中的多个领域中，我国国产芯片占有率为0。

李国杰院士反复强调一句话：“自主芯片产业发展需要应用支撑。”

“这个方面，国家过去态度不是很鲜明。以前想过启动政府采购，后来也没有。”李国杰说，“发展自主芯片，不要想着什么时候芯片做得跟国际水平一样好了才用。你不用它，怎么发现问题，怎么不断改进？”

技术需要迭代。要迭代，就得经过市场的检验。胡伟武建议，要加大自主研发的元器件推广应用力度，给国产芯片更大空间。

因为，没有市场，做出来就是白做。“应用”对芯片的发展究竟意味着什么？胡伟武打了个比方：国产芯片现在在一楼，想努力去往二楼，可是没梯子。“就算不给梯子，给条绳子也可以，至少让我们有东西能借力爬上去。”魔鬼藏在细节中，而细节，藏在应用中。缺少应用，也就难以进行针对性改进，“二楼”就变得可望而不可即。

8年来，无锡江南计算机研究所高级工程师程华一直从事国产关键软硬件的评测和自主可控度评估工作。从2010年开始，她每年都会将三大国产品牌的最新款处理器与国外芯片进行对比。到2014年，基于部分国产处理器的整机性能已经追平或超越基于英特尔奔腾4双核处理器（主频3.2GHz）的整机性能。“我一直在用‘神威’的电脑，我觉得挺好。”

程华认为，国产芯片发展，很大的问题是缺少生态。“政府可以补贴家电下乡，为什么不能补贴搭载国产芯片的电脑呢？”她也呼吁，就算此次禁运危机解除，国产芯片也要有上战场的勇气。“我们热身了十几年，也该出来了。”

芯片，信息时代的“国之重器”。它如此微小，又如此隐蔽。我们每时每刻都在和它打交道，但我们无知无觉。

2018 年 4 月，“中兴事件”发生。一纸禁运令，让一家龙头通信公司迎来“至暗时刻”，普通公众这才被大范围、高密度地科普了一次“何为芯片”。

2018 年，正是集成电路诞生 60 周年。60 年的集成电路发展史，也是一部不断发明、不断创新的文明史，每一项新的发明，都能开辟一片全新的应用领域。

随着集成电路加工技术的进步，如今，在 1 平方厘米的硅片上已经可以集成超过 50 亿个晶体管，成为可以把信息采集、信息存储、信息处理、信息传输和信息执行集于一身的“芯片”。

我国集成电路产业起步并不晚，但我们错失了与世界先进水平同步发展的机遇。21 世纪初，在改革开放的环境中，我国集成电路产业开始进入规范发展的轨道，现在，我们的部分集成电路专用设备已经成功地在国内外集成电路生产线上运转，在低功耗器件、新结构器件和设计方法学领域也获得了一批具有国际水平的原始创新成果。

没有自研操作系统的大国之痛

高 博

普通人看到中国 IT 业繁荣，认为技术差距不大，实则不然。3 家美国公司垄断手机和个人电脑的操作系统。数据显示，2017 年安卓系统市场占有率达 85.9%，苹果 iOS 为 14%，其他系统仅有 0.1%。这 0.1%，基本也来自美国：微软的 Windows 和黑莓。没有谷歌铺路，智能手机不会如此普及，而中国手机厂商免费利用安卓的代价，就是随时可能被“断粮”。

电脑和手机里，操作系统就像总经理。每次开启电源，操作系统第一个上岗，它根据用户的动作，命令各种硬件干活。软件的计算需求，经操作系统翻译，向各种硬件发出指令。

但中国没有自己的操作系统。

缺少自研操作系统，不仅是中国的痛点，英、俄、日、德、印等强国用的都是美国人的操作系统。操作系统天然垄断，赢家通吃。美国先人一步，占据制高点。

看着容易，实则多年积累

编写一个操作系统不难。大学生也能开发简单的操作系统。而且 Linux 系统源代码公开，随便用，稍加改动就能开发一套自己的操作系统。

但是，“就像汽车，造一个四轮平台谁都会，外观也不难设计，但跑起来就发现，好车不是随便就能造出来的。”原科技生态媒体 WPDang 创始人石磊说。

“手机的操作系统如果是一个新手来写，恐怕一个小时就没电了。”石磊说，“我们一般用的安卓等操作系统，可以用最少的电、最合理的频率、最短的时间去计算。”

用户的一个简单行为，比如在微信里输入两个字，会转化成一系列指令，发给 CPU，等等。如果操作系统不过关，动不动就会死机。

操作系统的智慧，藏在一行行程序语句里。代码一眼看不出优劣，但“执行起来，同样是一万行代码，有些毛病不断，有些完美避开所有陷阱。差距来自大量人力和金钱堆积出的经验。微软、苹果很多专利都是试错试出来的，后来者会发现，只有这条路才通。”石磊说。

美国优势：“50 后”程序员、“70 后”公司

石磊说，美国垄断操作系统的原因很简单：起步早。“手机操作系统的优势源于个人电脑时代。苹果和微软的优势从 20 世纪 70 年代就开始了，给如今的技术打下了基础。”

石磊说，安卓是谷歌基于 Linux 做的，免费授权给各家手机厂商用。但微软却靠安卓发了大财，从很多手机和 PAD 厂家收取专利费，一台设备几美元到十几美元，因为它在 20 世纪 80 年代开发 DOS 时申请的几项

专利，Linux 也无法回避。如今的软件也需要兼容微软几十年前开发的底层文件系统。

40 年前，绝大多数优秀的程序员都在美国，所以个人电脑时代的各种标准都由美国创立。

“就像国外的发动机做得好，除了好的设计和机床，也要有一群熟练的技工。开发操作系统也需要熟练的技工，就是程序员。”石磊说，他常去美国参加开发者大会，发现美国与中国一个最大不同是：常见“50后”“60 后”的程序员。

“很多白发苍苍的开发者，从小就接触计算机；还有一些程序员，他的父辈就是程序员。”石磊说。

“中国大学走出第一批程序员的时候，美国高校计算机系已经培养了 30 多届毕业生。”石磊说，普通人看到中国 IT 业繁荣，认为技术差距不大，实则不然。

操作系统已无市场，但自研可以应急

汽车业有上百个大厂牌并存，而手机和个人电脑的操作系统则是三家美国公司垄断。2018 年，市场调研公司 Gartner 发布的数据显示，2017 年安卓系统市场占有率达 85.9%，苹果 iOS 为 14%，其他系统仅有 0.1%。那 0.1%，基本也来自美国：微软的 Windows 和黑莓。

韩国三星曾在 2013 年推出 Tizen 系统，试图打破垄断，但如今三星手机还在使用安卓。

石磊说，安卓崛起，归功于历史机遇和谷歌的远见。2008 年，苹果手机刚推出，谷歌意识到大屏时代来临，所以先做了免费开源的系统，让众多手机厂商尝到甜头，用安卓快速扩展市场。

操作系统这个领域没什么空间，是因为软件厂商要赚钱，只会为最流行的操作系统开发版本。

没有谷歌铺路，智能手机不会如此普及，而中国手机厂商免费利用安卓的代价，就是随时可能被“断粮”。

2012 年，华为创始人任正非在回答“已没有生态空间，为何还做终端操作系统”时说，应尽量使用国外的好东西，包括高端芯片和操作系统，但要有战略备份，“别人断了我们粮食的时候，备份系统要能用得上”。

操作系统（OS）是管理计算机硬件和软件资源的计算机程序。每次打开计算机，用户都要与 OS 互动，方便地操纵计算机。

最早的计算机，像用按钮的计算器一样，没有 OS。后来，计算机有了复杂的自动运行的程序，也就有了发展 OS 的必要。1962 年，第一个 OS 由英国的阿特拉斯公司研发。IBM 在 20 世纪 60 年代推出的 OS/360 已经很复杂。

20 世纪 80 年代个人电脑普及后，最有名的 OS 是微软开发的 DOS（磁盘操作系统），后来它被 Windows95 取代。

但在大型机器上运行最多的 OS，基本都是 UNIX 类的，它允许多用户同时操作，可有效调度分配资源。Linux 是 UNIX 的一个最有名的子类。

今天，大家熟悉的 IT 设备使用各种各样的 OS，手机、游戏机、网络服务器、超级计算机有不同的 OS。就好像宇宙飞船和电动自行车有不一样的操作界面。

桌面 OS 领域，Microsoft Windows，市场份额占了八成。苹果公司的 MAC OS 排在第二位，Linux 类的份额很小。而在移动 OS 领域，谷歌的安卓（与 Linux 关系密切）占比高达八成多，其他的主要是 Apple 的 iOS。而各种 Linux 发行版在服务器和超级计算领域占据主导地位。除此之外，还有一些专用类别的操作系统，比如嵌入式和实时系统。

国产航空发动机的短舱之困

矫　阳

飞机上安放发动机的舱室，俗称“房子”，是航空推进系统最重要的核心部件之一，其成本约占全部发动机的 1/4 左右。短舱需要将发动机包覆，减少飞行阻力；其进气道还要具有防、除冰的能力；飞行中，要保护发动机不受干扰正常工作；在地面，需要做到方便发动机的维护和维修，一旦短舱有损，飞行中可能会引起发动机严重事故。短舱越大技术难度越高。我国在这一重要领域尚属空白。查阅所有公开资料，我国尚无自主研制短舱的专门机构，相关院校似乎也没有设置相关的学科。

短舱，是飞机上安放发动机的舱室，俗称“房子”，模样类似整流罩，主要由发动机进气道、整流罩和尾喷口组成，起整流、降噪、保护和为安装发动机部分附件提供平台的作用。

“与人们熟知的在高温、高压、高速等极端工况下工作的航空发动机热端部件相比，短舱属于‘低温部件’技术，是航空推进系统最重要的核心部件之一，所需的技术难度极高。其成本约占全部发动机的 1/4 左右。”北京天骄航空产业投资有限公司国家“千人计划”专家王光秋博士说。

目前，新一代大涵道比航空发动机短舱，主要由航空业顶级制造商美国古德里奇提供，包括波音787和空客A350/A320neo等，也包括庞巴迪C系列和巴西航空公司的E系列支线飞机。美国GE与法国赛风合资的奈赛公司也是一家短舱供应商，向用于B737、A330等飞机的推进系统提供短舱。而我国在这一重要领域尚属空白。

“户型”越大难度越高

“短舱需要将发动机包覆，使整个动力系统外部有良好的气动外形，以减少飞行阻力；其进气道还要具有防、除冰的能力。在整个飞行包线内，要保护发动机不受干扰正常工作；在地面，需要做到方便发动机的维护和维修。”王光秋介绍说，一旦短舱有损，飞行中可能会引起发动机严重事故。

短舱是一套极为复杂的集成系统，开发、生产和供应都需要多年的经验，短舱越大技术难度越高。比如，发动机推力越大，其直径越大，短舱面积也必然增加，势必会加大气动阻力，影响飞行效率。

要减少面积增大带来的阻力，必须从设计、材料和工艺上动脑筋。波音787使用的发动机最大推力约为30吨，短舱是一个“大户型”，表面积约为六七十平方米。而这个“大户型”短舱是一个综合技术水平极高的复杂系统。

“进气道外罩为钛合金，内部支撑结构为碳纤维复合材料，风扇罩为带有降噪衬套的复材蜂窝夹层结构。”王光秋说，这个短舱系统不仅引入了新一代高载荷、高效叶栅式反推装置，还首创设计了具有30%的层流面积，以减小阻力。此外，钛合金排气尾喷管锯齿边设计也是创新技术，可在巡航状态下有效减低噪声，提高乘客舒适度。

两家公司建了所有发动机的“房子”

作为发动机核心设备，短舱涉及飞机性能、操作安全性、系统可靠性、重量、成本和环保相关的关键航空技术。

世界上能研制民用大涵道比发动机的共有 3 家公司，美国 GE、普惠和英国的罗罗，而能独立研制高推力大涵道比涡扇发动机短舱的公司仅有两家，这就是美国古德里奇公司和 GE 赛峰合资的奈赛公司。

“可以说，主要是这两家公司建了所有发动机的‘房子’。”王光秋说。古德里奇声称，他们研制的短舱可靠性为 99.9%。

再说说占短舱成本一半的反推装置。

“飞机安全起降需要超长跑道，但经济效益不好。缩短飞机滑跑距离，遂成为发动机追求的目标。”王光秋说，这便是反推装置的功劳。

反推装置，通过改变发动机正常气流方向，当大于 90 度折转时，使正常推力反向产生推力分量，达到飞机减速目的。“这项技术涉及的力学原理不复杂，但反推装置的机械结构和控制系统十分复杂，可靠性要求极高。”王光秋说。

CJ-1000A 将住谁的“房子”

查 C919 参数，其选配的是 CFM（通用与赛峰合资公司）的 LEAP-1C 发动机。

LEAP-1C 短舱“户型”独一无二，由奈赛在中国成立的一家合资公司提供。LEAP-1C 短舱的设计为世界首创，相关资料显示，这种独特的一体式结构，以及 O 形涵道反推装置系统，能减轻重量、提高反推效率，并便于发动机维护。

随着 C919 项目的推进，国产发动机项目也紧锣密鼓。2017 年底，CJ-1000AX 首台整机在上海完成装配，并进入验证期。验证机直径 1.95 米，长 3.29 米，包含风扇 / 增压级、核心机、低压涡轮和附件传动机匣装置，由近 35000 个零组件组成。这台初生的国产发动机仍是热力技术部件，尚无与之匹配的短舱。

CJ-1000A 将住谁的“房子”？查阅所有公开资料，我国尚无自主研制短舱的专门机构，相关院校似乎也没有设置相关的学科。

一代发动机产品从最初技术预研、立项，到定型批产，至少需要 15~20 年。“让具有自主知识产权的 CJ-1000A 发动机住进自己的‘房子’，或是将来的最佳选择。”王光秋说。

传统发动机设计，都是通过加装短舱与飞机相结合，是两个部分。而新一代发动机 Leap 1C 则着重体现了发动机与短舱的一体化设计。

由奈赛公司制造的 LEAP-1C 发动机短舱，反映了发动机和短舱之间更为紧密的集成设计，其反推装置采用一个复合材料的 O 形涵道，取代了常用的一分为二的 D 形门。它还以电作动系统（最早用于 A380），取代了较重的液压或者是气动系统。

除了反推装置，短舱的其他主要部件还包括进气道、风扇整流罩和排气系统。虽然它们是发动机短舱的基本组成，但其间的界限开始变得模糊。GE 航空集团下属的 MARS 公司已经开始考虑将进气道与发动机的风扇机匣整合在一起，联合技术航空系统（UTAS）公司也在其“生态整体推进系统”（EIPS）项目下，开展了 PW1000G 发动机的集成反推装置的测试。

由此看来，集成设计是发动机短舱结构在未来 10 年的趋势，不同部件都有不同程度的集成，但其基本功能还是不变的。

有运营商认为，一体化短舱设计有许多优势，但也存在不足，在发生故障时，其维修会变得更困难，且成本更高。

对于当前的发动机短舱，从退役飞机中获取二手零备件相对较容易，而且价格也较为合理。但对未来的新一代短舱来说，情形将大不相同，而且用于维修的零备件的价格将非常昂贵。到那时，运营商只能希望新一代短舱系统及其零备件的可靠性更高。

被愚钝的机器人“国产触觉”

张佳星

触觉传感器是工业机器人的核心部件。精确、稳定的严苛要求，拦住了我国大部分企业向触觉传感器迈进的步伐，目前国内传感器企业大多从事气体、温度等类型传感器的生产。在一个有着 100 多家企业的行业中，几乎没有传感器制造商进行触觉传感器的生产。日本阵列式传感器能在 10 厘米 ×10 厘米大小的基质中分布 100 个敏感元件，售价 10 万元，而国内产品多为一点式，一般 100 元一个。

给一个压力，还一个电信号。触觉传感器的简单转变就能让真实世界以“二进制”的方式传给机器人。

“一点点压力就能产生匹配的电流。”在加了形容词后，这个转变困难了一些，西北工业大学副教授杨鹏飞解释，要灵敏地捕捉到“一点点”的输入，并给出严格匹配的输出。

“需要稳定、精确的输出，并且消除不同‘维’间的耦合干扰。”东南大学教授宋爱国的进一步阐释意味着这种转变难上加难。

这个信号转变的稳定实现，让巴掌大小的日本阵列式产品即便卖到10万元，也能在科研和产业市场占尽先机。“靠进口”是该产品消费者的一致答案。

行业内，工艺不过关

精确、稳定的严苛要求，拦住了我国大部分企业向触觉传感器迈进的步伐，目前国内传感器企业大多从事气体、温度等类型传感器的生产。在一个有着100多家企业的行业中，几乎没有传感器制造商进行触觉传感器的生产。

“我们曾委托深圳的一家企业制作阵列式触觉传感器，但因为工艺不过关，产品的一致性比较差，传感器阵列中点与点的性能无法做到一样。”宋爱国的经历可能并不是个例。

“我们的大部分关键零部件都是从国外进口。”国内某知名机器人制造企业负责人表示，包括触觉传感器、减速器在内的国内产品，在稳定性、一致性方面不太过关。

“传感器用国外进口的。”杨鹏飞所在的生命科学院，通过对骨骼等的研究进行仿生机器的生产，以用于航天或工业辅助用途。“这些仿生机器会在很严苛的环境下工作，对零部件的要求很高。”

可见，对卖方而言，工艺门槛太高；对买方而言，国产货没有保障。“一个向左、一个向右”的局面，形成了依赖进口、内生乏力的恶性循环。

行业外，材料不够纯

除了生产工艺，材料纯度也是从实验室到工业生产的“扼咽之处”。

"导电橡胶、导电塑料、碳纳米管、石墨烯等都是可用作触觉传感器的材料。"宋爱国说，国内的材料质量、生产水平并不稳定，"石墨烯的生产应该还可以，但是用石墨烯制作传感器的技术还不成熟"。

为了获得高品质的材料，宋爱国实验室会自己用导电膏制作符合标准的导电橡胶。导电橡胶通过将玻璃镀银、铝镀银、银等众多导电颗粒均匀分布在硅橡胶中制成。挤压可以让导电颗粒相互连接，从而产生电流。分布越均匀，电流产生与压力的关系越有规律。

技术复杂，另一道坎

日渐复杂的技术也让国产产品落得越来越远。

一片巴掌大小的日本阵列式传感器售价 10 万元，并能保持严格的均一性、稳定性。而国内产品多为一点式的，一般 100 元一个。

宋爱国介绍，日本阵列式传感器能在 10 厘米 ×10 厘米大小的基质中分布 100 个敏感元件，由于衬底柔软，对不同方向力的计算以及力之

间耦合干扰的消除使得敏感元件越多、相互之间的距离越短，越难做到准确地输出。日本在产业化方面较为领先，其他国家大多处于实验室阶段。

此外，每个敏感元件的受力维度也增加了技术的复杂性，施力有六个维度（X、Y、Z 轴 3 个方向，以及对应的力矩方向），维度之间的耦合干扰如何消除也是需要在基础研究上发力的环节。“著名的波士顿动力翻跟头机器人用的仅是三维的触觉传感器。”宋爱国说。

有布局，但转化难推进

我国在触觉传感器的一种——多维力传感器的研究方面，很早就进行了布局。宋爱国介绍，1987 年东南大学和中国科学院合肥机械智能研究所获得 863 重点专项的支持，研制六维力传感器。“静态精度已经达到误差率仅为 1% ~2%，和世界先进水平差不多。”宋爱国坦言，但是动态精度还需进一步攻关，动态耦合误差在 5%~10%左右，“例如尚未达到有高速打磨任务的工业机器人的使用要求”。

但是，从成本上看，“目前的工业机器人平均造价是 12 万元左右，一个六维力传感器成本就要 3 万余元，目前的国内工业机器人市场还不具备规模化生产这一产品的条件。”宋爱国说。相较而言，美国 ATI 工业自动化公司的相关产品，成本已下降到每个 2 万~3 万元。

不可否认的是，在原创技术的追赶中，后来者必须绕过先行者的相关专利保护，除非找到明显更优解，否则很可能会因为绕过专利而提高技术达成的门槛，大多数时候，传说中的“变道超车”要靠运气。

触觉传感器是用于机器人中模仿触觉功能的传感器。按功能可分为接触觉传感器、力—力矩觉传感器、压觉传感器和滑觉传感器等。

触觉是接触、滑动、压觉等机械刺激的总称。多数动物的触觉器遍布全身，如人类的皮肤。触觉器有很多种，有的感觉冷热，有的感觉痛痒，有的感觉光滑或是粗糙，不同部位的皮肤对不同东西的触觉不一样。因此，仿真时触觉传感器的类型、数量、种类均不同。

触觉传感器可以模仿人类皮肤，还可以把温度、湿度、力等感觉用定量的方式表达出来，甚至可以帮助伤残者获得失去的感知能力。比如一款新型毛状电子皮肤，能使机器人快速分辨出呼吸引起的轻微空气波动或者微弱的心跳震动，广泛应用于假肢、心率监视器以及机器人。

20 世纪 80 年代是机器人触觉传感技术研究、发展的快速增长期，其间对传感器设计、原理和方法做了大量研究，主要有电阻、电容、压电、热电、磁、磁电、力、光、超声和电阻应变等原理和方法，并进行传感器研制、触觉数据处理、主动触觉感知等研究，以传感器装置研究为中心，主要面向工业自动化。

近年来，可穿戴技术，例如“智能衣服”备受关注，如可连接其他设备和网络的牛仔裤和夹克。然而，人体结构存在许多弯曲的地方，所以智能衣服的设计复杂度很高。传统的刚性传感器，由于其笨重且僵硬的特点，自然无法满足智能衣服的要求。

因此，科学家开始致力于可穿戴的柔性传感器，它们可以随着人体活动产生相应的形变，不仅可以满足测量和追踪身体运动的需求，还可以为用户带来良好的穿戴体验。

高端显示屏上的阴影

刘 艳

我国 OLED 企业主要聚集在产业链中下游的面板和手机等显示终端产品应用领域，上游核心生产设备完全依靠进口。真空蒸镀机就如同 OLED 面板制程的“心脏”，被日本 Canon Tokki 独占高端市场，在这个领域我们没有什么发言权。

未来可卷曲、如纸一样轻薄的各类终端屏幕主要选材是 OLED（有机发光二极管），OLED 生产过程最重要的一环就是“蒸”，工艺难度极高。

真空蒸镀机高端市场被日本 Canon Tokki 独占，说其掌握着 OLED 产业的咽喉也不过分，业界对它的年产量预测通常在几台到十几台之间。有钱也买不到，说的就是它。

可惜，目前我国还没有生产蒸镀机的企业，在这个领域我们没什么发言权。

这台设备就如同生产 OLED 面板的“入场券”

买到 Canon Tokki 的设备就如同得到了一张生产 OLED 面板的“入场券”，Canon Tokki 在业内的名声很像顶级光刻机企业 ASML，是神一样的存在。仅有 300 多名员工，却基本垄断了全球真空蒸镀机的供应，每台报价过亿美元，仍然一机难求，排队等货因此成为常态。

据说京东方 6 代柔性 OLED 生产线能够提前量产的重要前提就是，拿到了 Canon Tokki 的真空蒸镀机。三星之所以能垄断中小尺寸 OLED 的生产和供货，也是因为有了 Canon Tokki 的助攻。

蒸镀设备厂商不止一家，Canon Tokki 为什么一机难求？因为它量产稳定与技术成熟的优势无人可比。

买到 Canon Tokki 的设备就能有良品率吗？不然。

中粤金桥投资合伙人罗浩元说：“蒸镀设备虽然是 OLED 生产中的关键环节，但一条生产线要实现批量化、高品质的生产，要对整个生产链进行科学管理及整合，确保每一道工序可控、可靠。但是，没有真空蒸

镀设备，以上无从谈起。”

Canon Tokki 能把蒸镀误差控制在 5 微米以内

蒸镀是 OLED 制造工艺的关键，直接影响着 OLED 屏幕显示，蒸镀机的工作就是把 OLED 有机发光材料精准、均匀、可控地蒸镀到基板上。

OLED 显示面板中大量应用的有机材料极易受到氧气和水的影响，有机材料间也很容易造成污染，因此，面板的蒸镀一般都是在真空环境下且相互独立进行。

通过电流加热，电子束轰击加热和激光加热等方法，使被蒸材料蒸发成原子或分子，它们即以较大的自由程作直线运动，碰撞基片表面而凝结，形成薄膜，这个过程就是真空蒸镀。

“通俗地说，OLED 屏幕的每个像素都是蒸上去的，除了发光材料，金属电极等也是这样蒸上去的，实际操作非常复杂。

Canon Tokki 能把有机发光材料蒸镀到基板上的误差控制在 5 微米内，这是什么概念？ 1 微米相当于头发直径的 1%。”罗浩元说，“没有其他公司的蒸镀机能达到这个精准度。”

潜心于一个领域 20 余年，让 Canon Tokki 拥有不少专利，比如，它很早就将机器视觉应用在设备上。生产环节中，对准玻璃基板和用作像素模板的细金属网难度很大，利用摄像头追踪，Canon Tokki 可将误差范围缩小到人体红细胞大小。

这是一场多维度、立体化的综合性突破

就如中国科学院院士、中国科学院物理研究所欧阳钟灿教授所说，中国平板显示全球第一，但大而不强。我国 OLED 企业主要聚集在产业

链中下游的面板和手机等显示终端产品应用领域，上游核心生产设备完全依靠进口。

当年三星从全球40多家蒸镀机业者中选到今天最牛的Canon Tokki，在OLED产业蛰伏期，Canon Tokki遭破产危机时，依然全力扶持，这种患难情谊让三星一度独家拿下Canon Tokki的全部产量。

电子创新网创始人、半导体技术专家张国斌说："虽然离了Canon Tokki三星也可能玩不转，但三星对产业趋势和技术的判断、把握值得我们反省。"

罗浩元比较认同张国斌的观点："具体到真空蒸镀机这种卡住产业咽喉的核心装备，能不能追，怎么追，从上到下都很迷茫。我国目前的OLED产业布局和推进方式可以让我们短期内形成产业规模，却无法实现高端设备的自主研发、装备能力。这个问题不解决，别说真空蒸镀机，其他OLED装备的突破也将是空谈。"

中国电子材料行业协会常务副秘书长袁桐认为，材料或设备并不是单一的产品，它牵涉面板系统性的工艺和技术，如果只凭配套企业一己之力，可能只能实现某一种材料或设备的国产化替代。罗浩元说："这是一场多维度、立体化的综合性突破。"

OLED的生产难度在精密制造，精密制造的技术壁垒在精密设备。国内OLED大型生产线装备虽仍一片空白，但OLED科研型蒸镀设备已达国际水平，中试型生产装备已成功研发。"虽然距离摆脱'真空'有点远，但好歹上路了。"罗浩元说。

"真空蒸镀机等核心设备的缺失，反映出我国基础研究、精密加工、自动化控制等多领域的短板。"罗浩元说，"虽然很难，但一代人有一代人的任务，希望我们这一代能生产出真空蒸镀机。"

OLED和传统显示方式不同的一个典型特征是，当电流通过时，有机材料会发光，而不需要背光灯，这就是业界常提及的OLED的自发光特性。

尤其让产业界浮想联翩的是，OLED屏幕可以很轻薄，可以很柔软，也就是说，未来的屏幕可以更弯，可以更“变态”。

因此，各大面板厂商你追我赶地上马OLED生产线。当然，这个追逐新技术的理由没有经过严格的论证，只是有的企业或机构给非专业群体讲故事的时候喜欢这样提。

事实上，不错失新技术升级换代带来的市场机会，是每个企业的基本生存准则，尽管新技术初生时往往有这样或那样的不足。

OLED也是如此，它最初用在手机产品时，一直背着过于艳丽、亮度低、偏色，甚至颗粒感强的恶名。直到2010年三星GalaxyS系列手机让人们看到，OLED屏相比LCD屏幕有着更好的使用体验和商业前景。

虽然在大屏幕市场，OLED技术还要继续努力，以克服良率低、成本高等发展瓶颈，但OLED手机屏幕取代LCD屏幕已成趋势。

而直接影响OLED屏幕显示质量的一个关键因素是蒸镀制造工艺，说它是OLED制造工艺的精华也不过分。

真空蒸镀就是真空中通过电流加热、电子束轰击加热和激光加热等方法，让材料蒸发成原子或分子后，以较大的自由程做直线运动，碰撞基片表面凝结，形成薄膜。

解释这个问题时，业界一般这样讲，OLED屏拥有无数会发光的“像素灯泡”，蒸镀机把每个“灯泡”蒸在ITO玻璃基板上。

说起来容易，实际操作还是非常复杂的，这也就是为什么市场上蒸镀设备厂商虽多，但王者只有日本佳能旗下子公司Canon Tokki。

仰给于人的手机尴尬

高 博

射频电路需要高电子迁移率，这方面砷化镓和硅锗等化合物半导体表现要比硅材料好很多。虽然我国在 20 世纪 60 年代就开始了化合物半导体基础材料研发，但商业化上材料的一致性、电性能均匀性还不理想，这方面有很多核心知识需要去摸索，是我们的短板。

手机的射频器件，好比部队的无线电兵，通信全靠它。

中国是世界上最大的手机生产国，但造不了高端的手机射频器件。这需要材料、工艺和设计经验的踏实积累。

高端射频芯片缺少国货

一块手机的主板上，1/3 的空间是射频电路。

声音要传到千里之外，得先转化成高频的射电波。信息编码成一秒钟几十亿波峰的正弦电波，对方手机接收和还原，纹丝不乱。这就是射频器件的本事。射频器件的核心部件是功率放大器芯片，也叫射频芯片，

4G 手机一般会用 4~5 颗。

“我们好比是修高速公路的，路修得越宽、越平直，车跑得越多、越快。”专业设计射频芯片的 Vanchip 公司工程师王利明说。

“手机发展趋势是更轻薄，功耗更小，频段更多，带宽更大，这就向射频芯片提出了挑战。”王利明说，“射频芯片将数字信号转化成电磁波，4G 手机要支持十几个频段，信息带宽几十兆。信号不能受干扰，这很难。”

2018 年，射频芯片市场 150 亿美元；高端市场基本没有国货，被 Skyworks、Qorvo 和 博通 3 家垄断，高通也占一席之地。

“多年以来，这几家的产品已经很有口碑，性能很稳定。所以大手机公司比如苹果、华为和三星等，基本都用它们的。”王利明说。

国货的买家多为小品牌手机，且国货多为 2G、3G 芯片，4G 射频芯片基本都是洋货。

射频芯片的电路设计是玄妙的艺术

高频电波的信号很脆弱，在复杂的电磁环境里，保持信号的清晰稳定，有赖于各环节的抗干扰性。设计这种电路，是一门尚未完全找到规律的艺术。

比如说，有瑕疵的射频芯片像扩音喇叭一样，会发出尖利的无用信号。排查故障是非常麻烦的。

射频电路怕噪声干扰，但引入噪声的可能性太多了——电源、邻近电路、耦合、发热、自身元件……

不合理的建模，生产出来的电路，一个和另一个的效果天差地别。

而从图纸变为实际电路，更需要设计师的丰富经验。何种布局，如

何抵消各元件的不良影响，兼容不理想的元件，设计师都要有办法。引入新元件，小了不起作用，大了又产生新的干扰。元件用多了，功耗又会增大……

设计师在考虑“要不要给反馈环串联一个小电阻来缓冲”“是否改一下地线引脚以屏蔽噪声”这类问题时，往往没有现成答案，靠经验和试错。试探着稳定电路，好像把鸡蛋立在鸭蛋上，常凭感觉。

射频芯片属于模拟电路，跟处理“1”和“0”的数字电路不同。数字电路设计类似于编程，有成熟的模块和自动化工具，而设计模拟电路，要面对的是复杂未知的自然世界。

电子创新网创始人张国斌说：“数字电路领域更多需要市场反应速度，国内有不少做得好的公司，但设计和生产射频器件需要各种基础科学知识，经验积累和制造是关键，‘弯道超车’几乎不可能。”

小小滤波器，国内外差距大

射频器件的另一个关键元件——滤波器，国内外差距更大。手机使用的高端滤波器，几十亿美元的市场，完全归属 Qorvo 等国外射频器件巨头。

滤波器可去除目标频段以外的信号，是很基础的电路器件。4G 手机用的是更精准和昂贵的滤波器，一台手机要装 10 来个。这种高端滤波器基于压电效应原理，引入声波来工作，它的基底和涂层采用一些新材料（其中一些用在最好的军用雷达上），加工精度要很高，涉及薄膜沉积和微机械工艺。

滤波器频段边缘越“陡峭”，越能避免邻近频段的信号干扰。“比如带通滤波器就像一扇门，高端产品的门框可以很好，将杂乱信号滤得很干净。”张国斌说，“在性能指标上如中心频率、截止频率、线性度、灵敏度等方面我们比别人落后，一时还赶不上去。”

基础元器件的差距不止这一个。张国斌举了个例子：射频电路都有振荡器，它需要一个高精度晶体振荡器，高频信号需要倍频信号，若晶体振荡器的频率精度不够，则多次倍增后信号就会差到不能用。而最精准的晶体振荡器，多数产自海外。

材料是绕不过去的坎

所有的高端元件，都与高性能材料有关。

张国斌说，射频电路需要高电子迁移率，这方面砷化镓和硅锗等化合物半导体的表现要比硅材料好很多。虽然我国在 20 世纪 60 年代就开始了化合物半导体基础材料研发，但商业化上材料的一致性、电性能均匀性还不理想，这方面有很多核心知识需要自己去摸索，是我们的短板。

“比如半导体材料的掺杂比例不同，性能差别很大。就好像做蛋糕放鸡蛋，鸡蛋的比例决定蛋糕松软程度。该放多少？别人不告诉你。你也不可能凭着撞大运就成功。”

张国斌说，半导体材料的实验，周期很长，不是一两年就能做出成绩的。“我国在这方面有不少学校在研究，做得也不错，但有些材料量产化还不行。”

另外，高端射频器件使用新材料，也需要设计者熟悉相应的特殊工艺和封装。没有创新的工艺，即使采用新材料，良品率也会差得多。

因此，国内的射频芯片设计公司都是找代工厂。而国外几家巨头都有自己的晶圆厂，不会把看家的秘密拿到别人的工厂。

射频元件（RF，即 Radio-Frequency）是处理无线电波信号的。手机电路板面积的 1/3 是 RF。中国制造的手机中，RF 尚未国产化，九成以上依赖进口。RF 市场规模超 200 亿美元，今后来自 4G、5G 和物联网的需求将有增无减。

20 世纪 90 年代，RF 还是分立元件搭建的，很昂贵，无线电话像砖头一样大。20 年前，RF 做成了芯片，价格和体积都大幅下降，小巧的手机才得以普及。

相比 20 年前，RF 行业已经不再吃香，因为用户对信号速率的要求并未大幅提高（而手机玩家对 CPU 和内存的需求一直在提升）。所以尽管 RFIC 的性能一直升高，利润率却越来越低，这也让 RF 公司的竞争更激烈。近来，随着中国的三大移动通信商提速降费，RF 市场或许能迎来转机。

目前，砷化镓和硅是 RF 用的最多的材料。国外厂商积累了丰厚的材料知识，是国内竞争者不掌握的。比如关键的 Saw 滤波器，只有掌握适当的材料加工工艺，才能做到又薄又便宜。

不光手机上要用到 RF，基站也是 RF 使用大户。根据研究机构 Yole Developpement 报告指出，随着 5G 技术需要更大基站投入，未来 RF 功率放大器市场将显著增长，但新兴的氮化镓将取代硅的地位。

国产创新药“靶点”难寻

张佳星

iCLIP 技术的发明，让人们抛弃精密的观测仪器，也能确定 RNA（核糖核酸）和蛋白质在哪个位置“交汇”，甚至可以读出位点“密码”。然而，这一“小试剂”已不是第一次卡住中国生物产业的脖子。自 2010 年该技术在《细胞》上首发，近几年已逐渐成为相关领域论文登上 CNS（《细胞》《自然》《科学》）顶级刊物的“标配”实验技术，国内实验室却极少有成熟经验。

生物学者习惯将 iCLIP 这个词拆解为 3 部分，i：单点，就像捋着一条绳子，看它上面哪里打了结，哪里挂了“灯笼”；CL：交联，通过紫外照射等方法让细胞内 RNA 和蛋白质的关系好成“老铁”，扯也扯不断；IP：沉淀，把“老铁们”从细胞里“薅”出来，有目的地处理。

iCLIP 技术难，犹如万千人海中找一个人，要从几十亿个碱基对中找到一个或几个确定的结合点，精确度可想而知。

有文章报道，国外研究团队已在 RNA 操控中展开“技术竞赛”，研究论文以几个月为周期轮番在 CNS 上演。越来越多证据显示，非编码

RNA 同样控制着生命活动，RNA 上大量未被发现的作用位点，可能是创新药的潜在靶点，iCLIP 是发现潜在靶点的“利器”之一。

条件摸索耗时耗力耗感情

“条件的摸索纯粹是体力活。”一位熟悉该技术的研究人员表示，虽然实验技术无须购买、不受专利限制、能够从期刊文献中学来，但从国外期刊中检索到的技术路线完全无法照搬，不同种类细胞（淋巴细胞、巨噬细胞等）需要一整套完全不同的技术体系。

以 IP 那部分“免疫共沉淀”为例，要想“薅”对“老铁”，必须要选择正确的抗体，进行正确的抗原抗体反应。进行细胞培养、裂解等多步实验之后，研究人员才能知道抗体对不对，科研团队通常会从多家公司购买抗体，同时从公司定制，多条腿走路，否则浪费时间和情感。

普遍认为，实验室如果没有对某一个蛋白的抗原抗体反应的经验积累，不熟悉几个靠谱的抗体生产公司，那是不敢贸然尝试“薅”这一步的。“很费时间，抗体是特异性的，3~6 个月才能生产出来，也很费钱，一小管抗体好几千元。”该研究人员说。

裂解液浓度、RNA 酶的确定完全是基础化学实验的方法，“扫荡式”的排查之后才能够确定合适的浓度和种类。加“陡”了，很可能什么都得不到，加少了，又会留下很多杂质，摸索就是在“不漏网一个”和“不错杀一千”中寻求平衡点。

“RNA 比 DNA 脆弱。”清华大学生命科学院教授杨茂君说，因此对反应条件的控制相当苛刻，容错度较低。

“摸条件很枯燥，是体力活，要不断重复，要耐得住寂寞。”一位完成 iCLIP 实验流程的研究人员回应，有很多实验室来交流，也提出要借仪器，还抄走了整个流程，但是全部没了下文。“这个技术，不下定决心去做，是很难顺利地走下来的。”

小小接头成了 CNS 论文的“拦路虎”

核酸接头是整个 iCLIP 实验中最核心的关键物质之一。它能够引导 DNA（与 RNA 对应）富集从头开始，把特定序列变多并被探测到，最终“捞出海面”，这就好比放出个“信号智能追踪器”，精确匹配、忠诚锚定序列末端是对它的基本要求。

国内的方法是设计随机引物，广撒薄收，总会撞上某一段。但随机引物接不上 RNA 和蛋白质结合的位点，必须特别设计从头开始的接头合成对应的 DNA 链，把 RNA“拓印”下来，进行测序。

“特别设计”在某些实验中体现为预腺苷化、磷酸化的处理，但在国内买不到此类“接头”。事实上，在拥有雄厚技术实力、大量知识产权的大公司的国家，基因测序公司提供包括接头合成在内的服务，国内却找不到。

“我们之前也没下决心一定要做 iCLIP。”该研究人员说，但是有篇论

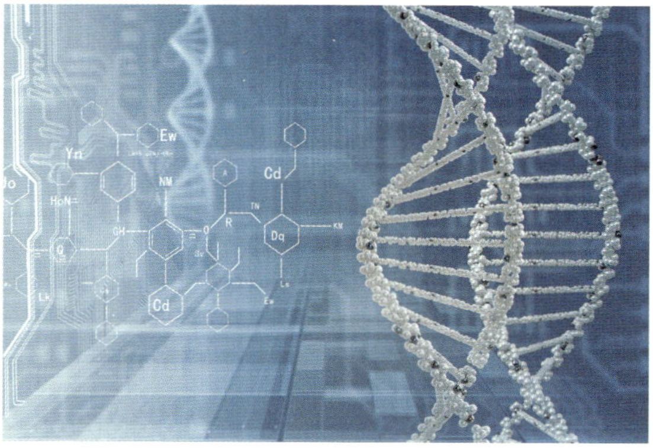

文投稿了《自然》，审稿人要求完成 iCLIP，当时实验室决定补充其他内容改投《细胞》，换了个期刊，审稿人仍然要求完成 iCLIP。最终，实验室不得不从国外买来引物，完成本该是产业的部分工作，满足了审稿人的要求。

小试剂，折射化学工业差距

这不是“小试剂”第一次卡住中国生物产业的脖子。

多年前，我国某基因测序企业购买 Illumina 公司生产的基因测序仪，由于 Illumina 公司突然对匹配的易耗品“试剂盒”提价，给企业经营造成巨大影响。该企业最终下定决心砸巨资购买另一家掌握核心技术的国外制造企业，最终有了中国自己的基因测序仪。

不只接头，用化学方法在 RNA 某个核苷酸的第 6 个位点上，直接连接上一个分子基团，这种“指哪儿打哪儿”的精细活，国内的生物公司基本还没涉足。

“这些应用技术都建立在基础研究之上。”中美冠科生物技术公司毛冠平博士认为，理论基础研究比想象中更重要。化学是生物的基础，但由于行业的“老旧”，精密化学合成的底子被扔下了多年，生命科学研究中的多种试剂盒也是国外产品比国内产品的口碑好。

“我国的创新药真要有突破，就要从靶点做起。”中科院院士、四川大学教授魏于全认为，要做创新药，发现新靶点的基础研究必不可少，而这类论文无疑应有实力见诸 CNS 顶级刊物。

化学药新药的药效原理目前是对体内某一关键蛋白质作用位点的“钳制”或者“激活”。抛开后续的临床安全评价不谈，单从有效性上看，高水平的、能够精确到作用位点的研究不可或缺。魏于全感到紧迫：“别人都发现靶点了，又有技术，怎么可能做不出来新药。如果用别人的靶点，做出来的药也很难是新药。”

新药创制有没有“新蓝海”，仍在于精确位点上的较量。

近年来，表观遗传学和RNA生物学领域对不同RNA作用和功能的关注大大增加。随着对RNA功能的不断认知，人们发现RNA的作用远不止转录和后续的翻译，例如，RNA—蛋白质相互作用能够调控mRNA和非编码RNA的功能。对RNA潜能的这一新认识带动了新方法的发展，使研究人员通过紫外交联免疫沉淀法（CLIP）相关技术能够定位RNA—蛋白质相互作用，从而揭示一些疾病发生的分子机理。

在真核生物基因表达的转录后调节中，RNA结合蛋白（RBP）起着关键作用，很多RBP的异常与人类疾病的发生密切相关。自2000年的RNA免疫沉淀和芯片分析方法（RIP-ChIP）出现以来，人们开始就RBP与RNA相互作用进行了系统而广泛的研究。经过改良和发展，体内实时紫外交联免疫沉淀法（CLIP）、交联免疫沉淀cDNA文库高通量测序法（HITS-CLIP）、提高个别核苷酸分辨率交联和免疫共沉淀法（iCLIP）等相关衍生方法相继产生，使用这些方法可以解析RBP的RNA识别特异性，而且通过与高通量测序技术结合，可以实现转录组尺度的RBP的靶序列的鉴定，分辨率也得到极大提高。

CLIP系列技术主要原理是基于RNA分子与RNA结合蛋白在紫外照射下发生耦联，以RNA结合蛋白的特异性抗体将RNA—蛋白质复合体沉淀之后，回收其中的RNA片段，经添加接头、RT-PCR等步骤，对这些分子进行高通量测序，再经生物信息学的分析和处理、总结，挖掘出其特定规律，从而深入揭示RNA结合蛋白与RNA分子的调控作用及其对生命的意义。

重型燃气轮机的叶片之殇

瞿 剑

重型燃气轮机，名副其实的大国重器。作为迄今为止热／功转换效率最高的动力机械，广泛应用于机械驱动（如舰船、火车）和大型电站。我国现已具备轻型燃机（功率 5 万千瓦以下）自主化能力，但重燃（功率 5 万千瓦以上）仍基本依赖引进。

重燃发电机组目前占全国发电装机总量的 3% 左右，虽不是一大块，却是不可或缺的一块——启停快捷、热效率更高、污染更少的燃机机组，作为大电网调峰容量的最佳选择，在国家能源安全中扮演着无可替代的全局性角色。没有自主化能力，意味着我国能源安全的重要一环仍然受制于人，存在被“卡脖子”的风险。

极致技术：对质量和性能近乎“变态”的追求

把熔化的液态金属浇入模具，等它凝固；在显微镜下看其金相，会呈现形似“干裂农田”状的缝隙，专业术语为“晶界”。

“晶界是金属的薄弱环节。”国家科技重大专项“重型燃气轮机”技术负责人表示。为提高金属材料在高温下的强度，就要想办法消除晶界。

这是一个极其复杂、漫长的过程，包括精确的温度控制，以及精密铸造、定向／拉单晶等工艺。其核心部件的毛坯“都是来自国外”，核心设备单晶炉也须从国外进口。

该技术负责人解释，作为一种旋转叶轮式热力发动机，燃气轮机的叶片是最重要的核心部件之一。它要在1400~1600℃的高温下长期稳定地工作，目前没有任何金属可以做到。怎么办？

极限工况催生出极致技术，一种对质量和性能疯狂到近乎变态的追求。除了消除晶界、提高所用材料本身的强度之外，“只有靠冷却”：叶片是中空的，以便通冷却空气；表面有陶瓷涂层、冷却气膜，使它跟高温燃气隔离；等等。

更关键的一点是，在以上复杂流程的所有环节，任何一项技术参数都不能有丝毫偏差，“这是它跟常规制造流程最大的不同”。他强调，常

规制造中还有一个安全系数，即一定的容错裕量；而“极限制造完全是另一概念”：叶片是空心的，又很薄，除了精铸，目前没有其他工艺手段可以做出来，未来 3D 打印能不能解决还不清楚。

铸造过程中，材料的夹渣、裂纹、疏松、气孔以及变形等，都会影响叶片的强度和性能。因为“它本身是不可能的，要靠好多极限手段硬让它变得可能”，所有技术必须做到极致。所以，一就是一，二就是二，偏差根本不能容忍、不被允许。

体系差距：即使有钱也不知从哪下手

美国 GE 公司高层曾声称，要买重燃成套技术，除非买下整个 GE。

“重型燃气轮机”重大专项总设计师顾春伟教授和上述技术负责人都谈到，国际上大的重燃厂家，主要就是美国 GE、日本三菱、德国西门子、意大利安萨尔多 4 家，与国内三大动力合作的也是这 4 家。但他们都附带苛刻条件：首先，设计技术不转让；其次，核心的热端部件制造技术也不转让，仅以许可证方式许可本土制造非核心部件。

这两条注定了，没有自主设计能力，我们需要什么样的重燃、能要到什么样的重燃，只能听从人家的意志。核心制造技术不转让，国内上了那么多重燃发电机组，设备运维、备件提供完全受制于人，长期安全稳定运行堪忧；本土制造的许可证又都有期限，到期之后能否付钱再延，还须看他人眼色。所谓“卡脖子”，莫此为甚。

跨国公司秘不示人、惜之如命的设计技术，是真正的核心技术。顾春伟表示，重燃三大部件（压气机、燃烧室、燃气透平）的设计都是难上加难，因为它们需要“大量基础研究支撑”和“长期试验验证及经验积累”，没有长期积累，“即使有钱你也不知从哪儿下手”。

仍以叶片为例。即使分毫不差做足各种极致功课，叶片材料仍是有寿命期限的：重燃叶片，寿命在5万小时、3万小时不等，到期必须报废。

怎么证明5万小时安全运行没问题？极限工况下、5万小时连续不断的材料试验必不可少。试想，一年有8000多小时，5万小时需要做将近6年，“这还只是做一轮配方、一轮工艺所需时间”，所以“一个人一辈子都做不了几个母合金”。它意味着巨量的投资、巨量的耗时和巨量的数据采集，而且每一步都必须亲力亲为，否则就“不知其所以然”。

“尽早建立起我国完整的设计体系、试验验证体系，才是重燃自主化的关键所在”，中国联合重型燃气轮机技术有限公司负责人如是说。

三位一体：工匠的经验仍不可或缺

叶片精铸过程中，“拉单晶”工艺很有画面感。

上述技术负责人介绍，一般的铸造，是把金属液浇入模坑、自然冷却，出来的产品是多晶体，就会有晶界。而透平叶片单晶/定向铸造，“是在底下选一个晶体，让它慢慢往上走；上面保持高温，还是液体；然后这个界面一点点往上冷却，所以凝固时间特别长”。

顾春伟称之为“多物理场耦合”，即制造流程中，每一环节涉及各种细节的工艺控制，这种控制又受到各种物理条件的影响，比如湿度、温度、速度等控制下的成型，“每一步都是工匠、工艺、设备的‘三位一体’”。

三位一体中，设备当然必不可少，“先进单晶炉须从德国进口，国产的目前仍不完善。但光强调设备也不行”。单晶制造过程中，涉及多个环节、多位顶尖高手，每人各管一段；每人都身怀绝技，相互不可替代。包括所有的参数控制、补偿等，既靠数据标准，更有“手上的功夫”，也就是经验积累。

因为“多物理场耦合”中，没有一把尺子可以包打天下。这是基于大数据的3D打印仍无法终结工匠的道理，也是我国高端制造流程中目前最紧缺的一环。

燃气轮机（Gas Turbine），说到底，是内燃机的一种。

常见的内燃机有柴油机和汽油机，分别以柴油、汽油为燃料。燃气轮机，顾名思义就是以气体为燃料的内燃机。重型燃气轮机的燃料通常为天然气，也可用重油、轻柴油。目前已经有以混合煤气（高炉煤气与焦炉煤气混合）为燃料的燃气轮机发电机组。

人类自工业革命以来最大的进步，实质上就是“动力变了”——前工业革命时代，人类要动（自身动、使别人动、使别的东西动），无非靠人力、畜力，以及十分局限的风力、水力的利用。工业革命改变了一切，首要的改变就是，从原始、低效、缓慢的人力、畜力，进步到高效、高速的机械动力。所有的空间位移（交通），所有根据主观意愿对客体的物理改变（制造），都可以借助一台内燃机的驱动，实现比前工业革命时代在速度、效率以及各种可能性上的几何级数倍增。内燃机，可谓一切机器之“母”。

在能源向绿色低碳转型的大背景下，专家指出，以化石燃料驱动的内燃机仍充满生命力，现在就说“内燃机退出历史舞台”为时尚早，制定内燃机退出时间表更是异想天开。在可预见的时间和范围内，即使电动机全面代入，内燃机也不可能完全被挤出，内燃机仍有无数不可取代的应用场景。而且，内燃机本身在绿色低碳的路上，仍有巨大的进步空间。

重型燃气轮机，在功率（5万千瓦以上）、性能、制造难度上，均为内燃机之最，名副其实的“大国重器”。由此，重型燃气轮机成为跨国公司的命根子，GE 经营者曾说过要买燃机技术，除非买下整个 GE。从国外引进重燃成套研发设计技术，已经被认定是不可能完成的任务。

最后立项的国家科技重大专项“重型燃气轮机和航空发动机”（两机专项），凸显了重型燃气轮机研发的战略意义：两机在原理、验证平台、设计、制造、应用等环节，有诸多相通之处。重燃技术突破了，离航发技术的突破也就不远了。

激光雷达昏聩，自动驾驶纠结

崔　爽

随着自动驾驶的落地，原来主要用于三维扫描的激光雷达，成为自动驾驶汽车的必备，甚至决定着自动驾驶行业的进化水平。但在这个切中行业要害的领域，国货几乎没有话语权。

人靠眼睛看路，无人车也是。激光雷达就是无人车的“眼睛”。

激光雷达是个传感器，自带光源，主动发出激光，感知周围环境，像蝙蝠通过超声波定位一样。

激光雷达不可取代

按照自动驾驶 L1~L5 的等级划分，L3 及以下属辅助驾驶或低级别自动驾驶，L4、L5 才算得上高级别自动驾驶甚至无人驾驶。目前的自动驾驶都处于 L3 以下阶段，毫米波雷达甚至摄像头都能够满足汽车的视觉需求，特斯拉就应用了前者。但要想发展到高级别自动驾驶阶段，受测距、分辨率、精度、信息全面性的影响，激光雷达不可替代。

激光雷达可以精准测距：通过获取激光打在物体上并返回接收器的时间，乘以光速即可获得。由于打出的每一束光都带有相对位置信息，激光雷达可以利用算法实时生成汽车周围环境的高清数字地图，进行目标跟踪和识别。

国内主流激光雷达企业北科天绘总经理张智武介绍说，激光雷达的扫描精度高、没有畸变，毫米波雷达只知道前方有障碍物，并不能准确描述大小和形状。

激光数据是矢量数据，计算机可以分类、提取、处理，自动辨别车道线、挡车柱、交通标识牌、树木等，这也是其他传感器做不到的。

激光雷达常以线数区分，并通常设计为 2 的指数级，如 4 线、8 线、16 线、32 线、64 线及问世不久的 128 线顶级测试产品。线数是指激光发射光源数，16 线产品有 16 个光源，以此类推。目前能上路的自动驾驶汽车中，凡涉及激光雷达者，使用的几乎都是美国 Velodyne 的产品。这家公司成立于 1983 年，位于硅谷，其激光雷达产品是行业标配，占八成以上市场份额。

“芯片化”才能瘦身降价

线数决定激光雷达的分辨率。激光雷达以旋转扫描的方式工作，一个光源扫一圈，得到一条 360 度的水平环形视线，这也是为什么无人车顶的“大花盆”都要不停旋转。光源越多，视线越密集，实时地图的分辨率越高。张智武以素描类比：素描由线条构成，线条越密，画越清晰。

最早的国产 16 线产品于 2016 年推出，目前最高 40 线。

制造多线数激光雷达，国内厂商普遍面临工艺烦琐的问题。以传统方式增加激光雷达线数就像拼接越来越宽的暖气片，造成产品体积成倍放大，同时极大增加量产难度。

激光雷达企业饮冰科技 CEO 金元浩介绍：“现有工艺条件下，提高线数需要增加印制电路板的数量，激光雷达的体积也会随之大幅增加。尺度和集成度必须兼顾。”

国外厂商之所以能做出 64 线甚至 128 线的激光雷达，内部元件的芯片化起到决定作用：缩减激光雷达的体积、减少散热、有助于量产。

这需要容量大、传输速度快、信息处理高效的专用芯片。目前国内激光雷达企业一般购买德国 osram 发射器。对此，国内智能汽车研究专家黄武陵强调“核心芯片，尤其是发射器和探测器，国产化程度、抗干扰等方面需要提高”。

不同于手机芯片，接收芯片不追求单位面积晶体管数量最多，但对分辨率有更高要求。原来市场需求少，一年几万片，这两年风口突然转向高分辨率的高质量传感器，接收芯片生产工艺不成熟，技术能力不足。

“激光信号的接收对集成度要求很高，原来做 1×1 的单点传感器，现在汽车对分辨率要求高，要 1064×768。”金元浩说。按自主工艺生产

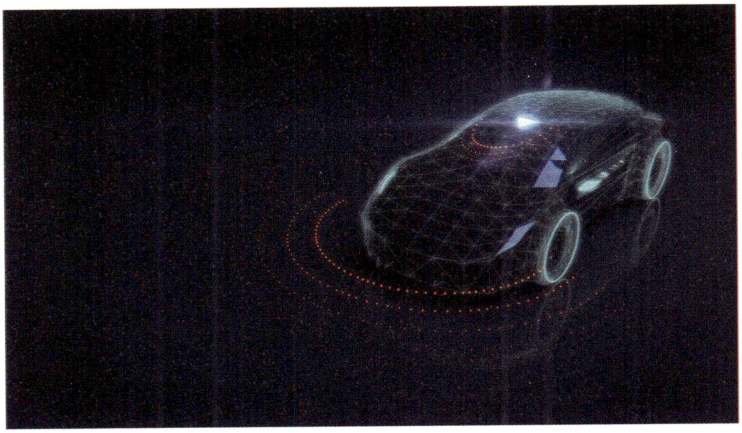

这个分辨率的产品，与半块汽车前风挡玻璃大小相当，用起来不现实。因此，国货正在从分辨率没那么高的芯片起步追赶。

自主研发备战量产市场

国内有研究所、激光雷达厂商正在自主研发发射芯片和接收芯片，但都处在初级阶段，产品尚未定型。“车载激光雷达是小众行业，近几年随着国内 L2 级自动驾驶的发展才有市场，行业技术储备不够，人力投入不足。”金元浩说。他所在的公司就在做 16 线激光雷达的发射芯片，但也是用低价产品抢占市场份额。

线数相同，不同产品的效果也不尽相同。据金元浩介绍，精度、稳定性、分辨率等参数与主流产品还有差异。尤其国产激光雷达的稳定性相对不足，汽车行业又对安全性要求极高，测试时间长，本来不大的市场，更难觅国货踪迹。

激光雷达贵，一在必需，二在紧俏。这是一个完全意义上的卖方市场。Velodyne 16 线产品年初价格减半后仍达 4000 美元，百度智能车搭载的 64 线产品（也是目前市场适用的最高级）约 8 万美元，比一般汽车都贵。价格是无人车量产和商业化的拦路虎。

正因如此，国产激光雷达才要攻关。据张智武介绍，北科天绘的 16 线产品去年卖价 5 万元人民币，今年不到 3 万元，和 Velodyne 16 线的折扣相当，“一旦做出来，售价就腰斩”。议价空间之外，自动驾驶一旦从测试走到量产，激光雷达市场巨大，国货不能拱手让人。

新的技术方案也在出现，“激光雷达正往固态化方向发展，国内厂商需要抓住新的方向，与国外同行同步发展”。黄武陵说。相对于传统的 360 度机械旋转激光雷达，固态激光雷达基于电子部件进行数据读写，去除了机械旋转部件，是革命性技术。这条新赛道上，国内厂商可与国外同行站上同一起跑线。

激光雷达是以发射激光束探测目标的位置、速度等特征量的雷达系统。其工作原理是向目标发射激光束，通过将接收到的从目标反射回来的信号与发射信号进行比较，获得目标的距离、方位、高度、速度、甚至形状等参数，从而对目标进行探测、跟踪和识别。

激光雷达最早主要应用于测绘，将其用于无人驾驶，要追溯到美国DARPA发起的无人驾驶超级挑战赛。随着自动驾驶的发展，激光雷达成为无人汽车研究的标配，通常被安装在无人车的顶部或四周。安装在四周的激光雷达通常为单线激光雷达和4线激光雷达。安装在无人车车顶的激光雷达，激光线束一般不小于16线，常见的有16线、32线、64线激光雷达。激光雷达通常以2的指数级来设计，但市场上也有40线激光雷达产品。目前最高线数的激光雷达是Velodyne公司于2017年底推出的128线产品，其探测距离达到300米，号称“全球最好的激光雷达”。

单束激光发射器在激光雷达内部匀速旋转，每旋转一个小角度即发射一次激光，旋转一定的角度后，就生成了一帧完整的数据。因此，单线激光雷达的数据可以看作是同一高度的一排点阵。发射器越多（即线数越多），点阵越密集，生成的实时图像分辨率越高。激光雷达线数越高，价格越贵，在某种程度上说，激光雷达的研发进度和降价速度左右着无人驾驶落地的进程。

国产航发缺一张放飞证

矫 阳

由于国产航空发动机型号匮乏，缺乏实际工程实践经验，使我国适航规章缺少相应的技术支撑。实际型号的适航验证工作，成为被卡在别国空域之外的关隘。

“适航，是航空发动机能否自由翱翔的放飞证。”中国民航适航审定中心结构强度室张弓博士说，这张放飞证是乘客安全的保证，由各国民航管理局代表公众认可并颁发，没有“适航”通行证，航空发动机好比束住翅膀的鸟。

一款航空发动机要想获取一张放飞证，必须经过一套非常严格的“适航”标准体系验证，涵盖设计、制造、验证和管理。每个分项又有一系列技术指标，仅设计就有气动、传热、结构、强度等。

作为《中国民用航空规章》(CCAR)的组成部分，其中的CCAR33-R2（航空发动机）版的安全水平，与2009年11月2日生效的美国联邦航空管理局（FAA）的FAR33部（航空发动机适航规章）第30

修正案水平一致。

“尽管在规章要求层面与FAA基本一致，但由于国产航空发动机型号匮乏，缺乏实际工程实践经验，使我国适航规章缺少相应的技术支撑。实际型号的适航验证工作，成为被卡在别国空域之外的关隘。”张弓说。

60年FAR33部修订34次，其中一项历时9年

一套严苛的“适航”标准体系永远处于动态之中。

“针对航空发动机使用过程中出现的问题，特别是安全问题，以及如何适应飞机运行所提出的更高要求，适航都要在总结研究中不断修订，这也促使适航安全标准持续提升。”张弓说。

美国在世界上处于执航空发动机适航标准牛耳的地位。自1958年成立FAA后，截至2015年1月，FAR33部已历经34次修订。“每一项修订，都蕴含了长达数年的研究和技术积累。”张弓介绍说。

从活塞到涡轮，再从喷气到涡扇，航空发动机技术不断升级，适航标准也水涨船高。仅涡轮发动机，迄今只有一项条款未修订。

1989年7月19日，美国苏城，一起DC-10飞机的发动机发生非包容失效事故，造成111人死亡。FAA随即率世界四大航空发动机顶级制造商GE、普惠、罗罗和霍尼韦尔共同调研。

结果发现，原有航空发动机适航条款隐含一项“假设存在”风险，即假设材料不含缺陷。而苏城失事的DC-10飞机发动机，恰是钛合金轮盘材料本身存在缺陷。

针对“假设材料不含缺陷”这一条款的修订，FAA联合美国西南航空发动机研究院，其间又经历了两次相关事故调查，从研究到发布咨询通告，再到2007年修订，正式发布3项咨询通告以及两项审定政策，历

时长达 9 年。

“正是欧美大量在役航空发动机积累的数据，推动着适航技术不断发展。”张弓说。

FAA\EASA，技术标准高，全球通飞

目前在国际上，以 FAA 和欧洲航空安全局（EASA）的适航审定影响力最大，认可度最高，双方互认。“在世界很多地方，由于技术标准赶不上美国和欧盟，大多直接参考 FAA 和 EASA 的标准，因此美欧的适航标准，也就成了国际民航业事实上的准入标准，基本全球通飞。”张弓说。

来自美国航空航天咨询公司的数据显示，2016 年，世界各国的民用航空发动机产量达 27000 台，欧美占据这一市场份额高达 98%。

目前世界上推力最大的航空发动机，是 GE 公司生产的 GE90-115B，

地面台架试验曾达到56.9吨最大推力，1995年11月正式投放商业市场后，用于波音777系列客机。

“在波音777类双发飞机延程飞行成熟之前，飞行要求90分钟航程保证有一个机场，因此国际航线必须沿大陆岸线设计，跨大洋飞行是不可想象的。”张弓说。

为提高经济性能，实现跨大洋飞行，飞机制造商提出“延程飞行”，要求航空发动机能提供单发延程飞行，时长远超90分钟的可靠性支持。

如何验证一款符合300分钟航程要求的发动机新型号？

FAA要在设计上，按相应的33.201条款，审查制造商以往的设计经验、技术参数以及风险的处理措施，同时要做一项3000循环实验，周期长达数月至十数月。即使如此严苛，这款发动机型号还要过之后一个时期的应用关，才能准予放飞。

目前，FAR33部条款以详细的分类“咨询通告”和“审定政策”等技术文件为支撑，成为引领航空发动机发展的标杆。“比如，规章要求吸入单只8磅大鸟时，发动机须达到什么状态，相应的咨询通告就会详细说明如何确定进气面积，从而确定发动机的转速以及试验要求等。”张弓说。

国产发动机型号匮乏，CCAR33尚缺乏工业实践支撑

我国航空发动机适航体系始建时间较早，主要参考FAA的FAR33部规章。

“别看只是引进翻译，但因为英语语境差异，以及工业实践缺乏，对许多条款理解各异，时常造成很大的技术分歧。”张弓介绍说，曾经因一个“耐用性”条款中关于叶片包容的要求，就引起较大争议。

上述关于叶片包容的要求有两方面内容。第一，必须对因转子叶片失效而引起的破坏具有包容能力；第二，必须确定因转子叶片失效，穿透压气机和涡轮转子机匣后，转子叶片碎片的能量水平和轨迹。

既要机匣具备包容能力，又要计算叶片穿透后的能量水平和轨迹，这个条款岂不是自相矛盾？

经过长时间讨论，并通过到国外航空发动机制造企业实地探询，真相终于大白。原来，英文中的“穿透”，指的是轴（水平）向，而非径（直径）向，即计算叶片碎片喷出短舱进出口的能量和轨迹。

“还有，当我们费力理解并翻译出FAA规章后，随着在役航空发动机的应用，可能FAA规章又变了。”张弓认为，这也是后发国家面临的一大窘境。

按国际民航组织惯例，一款新产品想进入他国运行，首先要通过对方的适航取证。在双边的认可中，一般需要提供对等的航空产品，互相审查。没有自主研制的航空发动机，缺乏实际型号的适航验证工业实践，也就无法从技术层面支撑现有的适航规章体系，更无法与别国对等互认。

建立中国自己的适航体系，已上升为国家意志。“没有工业实践和验证技术来支持适航标准体系，就没有让产品进入国际市场的话语权。”张弓说，这也是具备完善适航体系的国家经常设置的行业壁垒。

2017年10月，中国民航适航审定中心正式成立，长江1000系列和涡轴16等国产发动机的研制，将给CCAR33适航规章提供迫在眉睫的支撑性技术文件。CCAR33必将越来越有话语权，也必将保障国产民用航空发动机在蓝天上自由安全地翱翔。

2010 年 4 月 10 日，波兰总统莱赫卡钦斯基的专机在位于俄罗斯斯摩棱斯克机场附近坠毁，机上乘员全部遇难。当时波兰总统乘坐的正是被称为世界航空史上“死亡航班”的图 –154 飞机。

图 –154，是苏联图波列夫设计局设计的“图”系列经典机型，1966 年开始设计，1972 年获得许可投入运行，之后共生产了 1000 余架。然而几十年来，却有数千名乘客和机组人员因图 –154 失事而遇难，包括中国最著名的空难之一“西安空难”。1994 年 6 月，中国西北航空公司的图 –154 飞机在西安附近坠毁，造成 160 人丧生，事故原因是自动驾驶仪安装座上有两个插头相互插错。

“劣迹斑斑”的图 –154 几乎全面退出民用航空市场。

波音 737，与图 –154 几乎同期研制，是美国波音公司于 1964 年严格按照美国的适航标准研制的，并在 1967 年获得美国联邦航空局（FAA）颁发的型号合格证。该型飞机具有良好的安全性和市场表现。时至今日，其产量超过 9000 架，成为民机市场上的常青树，被誉为民航客机的典范。分析这两款飞机商业表现背后的差异，很大原因是苏联当时没有成体系的民用飞机适航标准，仍沿用军用飞机型号定型要求，也不重视运营阶段的保养和维修，产品从研发到使用均处于相对较低的安全水平，最终导致产品的商业失败。

我们为什么做不好高端电容电阻

高　博

一部手机有几百个电容和几百个电阻，占了电子元件的大半。

中国是最大的基础电子元件市场，一年消耗的电阻和电容，数以万亿计，而最好的消费级电容和电阻，来自日本。

大批量一致性比不了日本

电容和电阻，是电子工业的黄金配角。电容市场一年200多亿美元，电阻也有百亿美元量级。市场的“头号玩家”是日本，占据一半以上份额，以村田、TDK等企业为代表，中国台湾地区位居次席，而中国大陆的产品多属于中低端。

“不能简单说我们不如别人，”电子工程师、瑞迪航科（北京）技术有限公司总经理武晔卿说，“在军用级别，国产电阻电容是能满足需求的；一些特殊的定制电阻，国内公司也能生产。我们比起日本有差距的，是在消费级的、大批量生产的元件上。”

手机、电脑、家用电器、汽车……消费类电子行业是电容电阻的最大用户。“这一领域，所谓高端的电容电阻，最重要的是同一个批次应该尽量一致。”武晔卿说，“日本这方面做得最好，国内企业差距大。”

武晔卿说，国内企业相当于“什么菜都会炒，但不保证每次炒出来是一个味儿”。

基础电子元件一批次可生产百万件，一致性对质量控制极端重要。比如某个电容不达标，可能会让手机充电更慢，因此各大手机品牌只采购大厂商的电容电阻。

“工艺、材料、质量管控上，国内企业相对薄弱。”武晔卿说，“有一些‘Know How（小窍门）’没掌握。”

煎饼不难做，但人家做得更平整

MLCC（多层片式陶瓷电容器）是个典型，它是消费电子行业用量最大的基础元件，也是日本企业的强项。目前日本的 MLCC 产品可以做到 1000 层，中国产品在 300 层左右。

“MLCC 就像千层酥，只不过小得多。”业内工作多年的电子工程师张光华说。MLCC 只有米粒大小，是一个内有电极的陶瓷块儿，是几百层陶瓷和几百层金属叠压起来的。电容的原理是两电极夹一层绝缘介质，以储存电荷。介质层越薄，电容数值越大。

张光华说，制作 MLCC 有点像摊煎饼：陶瓷粉末浆，被刮刀摊平成厚度约 1 微米的涂层，再敷上去一层金属粉末浆，这就是陶瓷介质贴上了电极。之后，一大张薄膜被叠压、烘干、烧成瓷。

“烙千层的煎饼，很难平整。”张光华说，“各家水平不一样，要是‘煎饼’裂了一道缝，电容数值就不够大。”

很多环节影响质量：陶瓷浆和电极浆不配套，干燥时就会“起皮”；烘干太快会出裂纹，烘干不彻底也会导致瑕疵；烧瓷要暴露于特殊气体；冷却太快会开裂……

张光华说，哪一环节不到位，产品就可能大比例不达标。客户要求是一百万个 MLCC 只允许一个不合格。

另外，MLCC 很脆弱，同一种规格的产品，大品牌可能细节更优秀，更不易机械损坏。

日本企业定位高端

生产电容的企业，一般也生产电阻和电感等“被动元件”。工艺有相通之处。如消费电子产品用量最大的电阻：薄膜电阻，只有牙签头大小，以陶瓷为基底镀膜制造，工艺稍不精细，指标大打折扣。

材料是中国电子元件企业的短板：陶瓷浆涉及钛酸钡和氧化钛诸多陶瓷材料，还混合了有机胶等，电极浆则混合了镍粉、铜粉和树脂等，配方都需要钻研。质量最高的陶瓷浆和电极浆产自日本公司。日本巨头如村田和京瓷，从做材料起家，后来才制造电子元件。

武晔卿说，“二战”后日本专注民用电子，电子产业集聚，有利于村田这类材料企业延伸业务。“就好像生产面粉的厂子，自己也开了拉面店。”

数十年坚持基础研发的日本巨头，始终瞩目高端。从2017年年底到现在，基础电子元件持续疯涨，武晔卿说，原因是日本几家巨头停产了利润率见薄的产品，集中精力于高端市场。

根据业界估计，随着手机更轻薄和频段更多，体积小、性能好的元件用量会大大上升，iPhone使用的MLCC是手机中最多的，最新的iPhone要用上千颗。电脑和电视的用量比手机只大不小。

汽车（尤其是电动汽车）使用的电容和电阻更多，且对元件质量要求苛刻，因为冲击、温度、粉尘和腐蚀等条件更恶劣，且不能有安全隐患。车用元件市场大，但技术门槛很高，未来可能会继续被日本巨头把持。

村田公司（Murata Manufacturing，村田制作所株式会社）是一家日本电子元件制造商，家族企业，总部位于京都。创办人是村田彰，他于1944年10月开设了一个150平方米的小作坊，生产收音机用的氧化钛陶瓷电容器。“二战”后，随着收音机的走俏，村田的陶瓷滤波器和陶瓷电容器大卖。20世纪60年代彩电登场，村田又以热敏电阻立于不败之地。进入个人电脑时代，村田的陶瓷谐振器和磁珠成了拳头产品。随着电子设备小型化，村田成了电容电阻“贴片”的先锋。

现在，村田公司主要从事陶瓷无源电子元件制造，在陶瓷滤波器、高频部件和传感器方面在全球范围内占有绝大部分。其主力商品是陶瓷电容器，高居世界首位。截至2013年3月31日，村田在日本拥有24家子公司，拥有52家海外子公司。近几年村田业务仍然蒸蒸日上，仍在收购半导体行业内有独门技术的公司。

村田70多年的历史，专注就做陶瓷电子元件，无论是收音机时代、电视机时代，还是手机时代，只要用到陶瓷元件，它就是技术翘楚，研究透了。比如一个射频滤波器，村田能在薄膜型、厚膜型和低温共烧陶瓷型号都做到第一。单是陶瓷电容器相关的技术专利，村田就有300多项。

近一年来电容电阻大涨价，起因就是村田带头将产能推向高端导致缺货。

智能制造的中国“无人区”

俞慧友

工业软件缺位，为智能制造带来了“成长的烦恼”。譬如，芯片设计生产“必备神器”EDA 工业软件，我国就不得不面临被国外生产制造商无预兆“卡脖子”的风险。

“德国最大的企业是哪家？西门子？大众？都不是，是 SAP，一家引领德国工业 4.0 的工业软件公司。世界 500 强中，80% 的公司都是它的客户。”中国信息安全研究院总工程师夏刚研究员介绍说，而我国的核心工业软件领域，基本还是“无人区”。

EDA 软件水平，代表一国电子产品设计能力

工业系统复杂到一定程度，就需要以计算机辅助的工业软件来替代人脑计算。工业软件“管辖范围”涉及原料供给调度、产品设计分析、工艺流程管理、工业控制、质量管理等诸多领域。

EDA，即电子设计自动化。用于辅助和实现 EDA 的软件，被归口为

高等级“行业通用”工业软件。在先进制造的“流水线”上，没有先进EDA软件做产品设计，再高端的设备、再精湛的工艺，也得“歇菜”。

EDA软件是在虚拟世界帮设计师“试错”的“实验员”。夏刚说：“它能极大提高电路设计效率。”

没有这个软件，设计者可能要经过若干次实物试验，才能做出一个合格设计。有了EDA软件，就能通过计算机“试错”，低成本设计出合格产品。通过EDA软件平台，设计者借由计算机自动完成逻辑编译、简化、分割、综合优化、布局、布线和仿真，直至对特定目标芯片完成各项工作。

“简单到收音机，复杂到英特尔酷睿i7的处理器都能通过EDA软件的电路设计与仿真技术来实现。能否设计出更高性能的CPU，既取决于设计团队的专业知识，也取决于表达专业知识的EDA软件。因此，一个国家的EDA软件水平，代表着其电子产品设计能力的高下。”上海交通大学网络空间安全学院副教授陈秀真说。

缺乏先进原生工业技术，我国EDA难“全能”

我国也有自主EDA软件。夏刚表示，例如华大EDA和EasyEDA等产品，做了多年技术积累，拥有一大批成功用户案例。对于模拟电路或全定制设计电路，国产EDA与美国主流EDA工具相较，设计原理上并无差异，但软件性能却存在不小差距，主要表现在对先进技术和工艺支持不足，和国外先进EDA工具之间存在“代差”。这种“代差”可被“数字化”：仅国外EDA三大巨头公司Cadence、Synopsys及Mentor，就占据了全球该行业每年总收入的70%。

这样的差距，源自国产EDA软件在部分工艺技术上的缺失。模拟电路或全定制设计电路，主要需要原理图、版图、DRC 工具等 EDA 软件。这类软件规模不大，对性能和可靠性的要求却甚高，对工艺依赖程度高。通常，为满足设计需要，设计工程师要对芯片生产厂家提供的某些工艺参数修改、调整并验证。因此，模拟电路设计除需要上述主流 EDA 功能外，还需要针对芯片生产厂家提供的 EDA 软件进行分析和验证，以及二次开发，并要通过自动检查分析工具来保证芯片的可靠性。

对于这类特殊的专业软件，国内 EDA 厂商只能“分情况”供应。对于设计一款既可通过全自动 EDA 软件设计，也可采用半自动或手工流程来设计的小规模数字电路，尚能“hold”住。

对只能依靠全自动综合工具和布局布线工具来完成设计的大规模数字电路，国产 EDA 软件则显“力不从心”。

“大规模集成电路最先进的设计和生产工艺，都源自美国等国家。没有原生的先进工业技术，是我国 EDA 工具无法‘全能’的根本原因。”研发自主操作系统的天津麒麟公司总裁孔金珠研究员说。

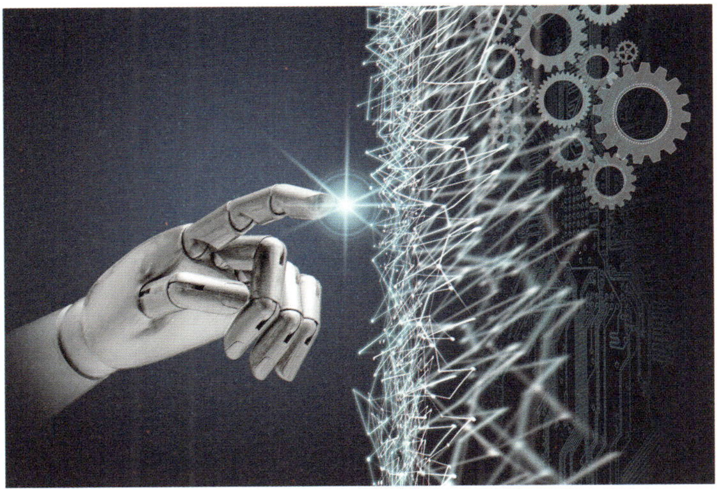

成立于1984年的美国Xilinx公司，主要研发、制造并销售高级集成电路、EDA软件设计工具。该公司首创了现场可编程逻辑阵列（FPGA）技术，与传统方法比，利用该EDA软件客户能更快设计和验证电路，大幅缩短电子设备制造商产品开发周期，降低开发风险。

“Xilinx干了30多年的FPGA技术，国内这一技术才发展多少年？这中间的技术代差，怎么可能一蹴而就取而代之？”夏刚举例解释了自主EDA软件的“痛点”。他说，我国芯片设计生产一直高度依赖国外软件。这让国产EDA软件企业，不得不追着“一直被模仿，从未被超越”的国外同行去开发。作为“跟随者”，国产EDA软件能获得的用户体验和反馈也少，导致了目前的差距。

“EDA软件还只是工业软件中的冰山一角，由此可见我国自主工业软件之殇。发展自主工业操作系统+自主工业软件体系，刻不容缓。”孔金珠说。

破冰工业软件之困，亟须发挥“举国体制”的优越性

“我们要集中力量解决软件和信息技术服务业核心技术创新能力不强、生态构建能力较弱等卡脖子问题。”在广西南宁召开的全国信息化和软件服务业工作座谈会上，工信部副部长陈肇雄说。

夏刚等专家呼吁，要保护好工业软件发展的“生态”。“我国芯片和操作系统领域留下的教训，就包括生态缺失。我们要汲取这一教训，才能最终把我国自主工业软件实实在在地植入制造业。”

对于可能出现的EDA软件禁售，专家认为既有利好，也要警惕。如果禁售长达数十年，迫使我国在EDA软件领域不得不“自力更生”，像核物理和导弹武器领域那样，可能促进现有EDA软件的实用化水平在短

期内大幅提高。而“短暂禁售”则很令人担忧，如果大多数国内用户侥幸使用盗版并等待解禁，极可能伤害国内 EDA 软件企业自主研发的积极性。

“EDA 软件面临的危机和机遇，大体能反映其他工业软件的境遇。建议把工业软件的发展，放到与航空、航天、兵工、船舶等行业同等重要的地位，发挥‘举国体制’优越性，破解工业软件受制于人的局面。”夏刚说。

EDA 是电子设计自动化（Electronic Design Automation）的简称，是在电子 CAD 技术基础上发展起来的计算机软件系统，是指以计算机为工作平台，融合了应用电子技术、计算机技术、信息处理及智能化技术的最新成果，进行电子产品的自动设计。利用 EDA 工具，电子设计师可以从概念、算法、协议等开始设计电子系统，大量工作可以通过计算机完成，并可以将电子产品从电路设计、性能分析到设计出 IC 版图或 PCB 版图的整个过程在计算机上自动处理完成。

工业软件（Industrial Software）是指在工业领域里应用的软件，包括系统、应用、中间件、嵌入式等。一般来讲工业软件被划分为编程语言、系统软件、应用软件和介于这两者之间的中间件。其中系统软件为计算机使用提供最基本的功能，但是并不针对某一特定应用领域。而应用软件则恰好相反，不同的应用软件根据用户和所服务的领域提供不同的功能。

平板显示制造仰人鼻息

赵汉斌

一块小小的玻璃，不仅可以导电发光，还可以幻化出形式各异的文字和静态、动态的炫目影像，这就是如今人们已司空见惯的各色平板显示屏。ITO 靶材核心技术长期把持在日本三井、东曹、日立、住友、VMC 和韩国三星、康宁等大企业手里。对国内的企业来说，技术和工艺是个难迈的坎。

玻璃本身不导电，也不发光，奥妙全在于背后涂装的一层薄薄透明导电膜。就是这层不足头发丝直径五百分之一的膜，背后有一块看不见的“靶”。

“全国有 20 余家靶材生产制造商，但能做超过 32 英寸靶材的，我们还是‘零’！”在这个行当儿搞了 20 多年研发的郑州大学教授、河南省资源与材料工业技术研究院原总工程师孙本双介绍说。

问题出在尺寸上

在有色金属的“朋友圈”里，铟锡的氧化物是实现电学传导和光学透明的绝佳组合。

作为有色金属氧化物，简称ITO的氧化铟锡在平板上具有很好的导电性和透明性，它还可切断对人体有害的电子辐射、紫外线及远红外线，是平板显示器制造的重要原料。在薄膜状时，它是略显茶色的透明物质；在块状时，呈黄偏灰色。

但它并不是像油漆一样被刷到平板玻璃上使用，而是先被制作成标准尺寸的固体靶材，由操纵磁控溅射的“枪手”不断“射击”，将其气化溅镀到玻璃基板或柔性有机薄膜上，形成一层ITO膜。这层膜的厚度因功能需求而有所不同，一般在30~200纳米。

ITO靶材不仅用于制作液晶显示器、平板显示器等离子显示器、触摸屏、电子纸、有机发光二极管，还用于太阳能电池和抗静电镀膜、EMI屏蔽的透明传导镀膜等，在全球拥有广泛的市场。

ITO靶材外形很像瓷砖，由来却远比瓷砖煅烧复杂得多——人们把氧化铟和氧化锡粉末按严格的比例混合后，经过一系列生产工艺加工成地板砖的形状，再层层摞叠到一个特制的炉子里，经过1700摄氏度高温气氛烧结，形成黑灰色的陶瓷半导体。通常靶材尺寸越大，溅射到平板上的拼缝就越少，价值也越高。

但就在尺寸的问题上，国内ITO靶材企业一直鲜有突破，而后端的平板显示制造企业也要仰人鼻息。

技术和工艺是个难迈的坎

ITO靶材核心技术长期把持在日本三井、东曹、日立、住友、VMC和韩国三星、康宁等大企业手里。

对国内的企业来说，技术和工艺是个难迈的坎。由于ITO靶材是由高温烧结而成，烧结技术工艺决定了产品质量，功夫不到家的话，最常出现批次质量不稳定的问题。溅射到屏上，有的 ITO 膜表面出现“麻点”，有的在蚀刻时容易出现直线放射型的缺划或电阻偏高带，还有的会出现微晶沟缝。

当谈到生产装备与国外的差距时，孙本双教授叹息说：“差远了！”烧结大尺寸 ITO 靶材，需要有大型的烧结炉。国外可以做宽 1200 毫米、长近 3000 毫米的单块靶材，国内只能制造不超过 800 毫米宽的。“这如同人家已经在烧制大型地板砖，我们还只能烧小瓷砖。”孙本双说。

在 1700 摄氏度的“丹炉”中，靶材烧结需要 6~10 天。高温气氛烧结需要高浓度氧气参与，这项工艺也不易控制。长时间烧，很容易导致产品不均匀，成品率低。

在产出效率方面，日式装备“牛气”，月产量可达 30~50 吨，我们年产量只有 30 吨——而进口一台设备价格要花 1000 万元，这对国内小企业来说无异于天价。

目前，也有部分仿制的设备，但耐火材料不过关，难耐烧结工艺所

需的烈火考验，烧结炉总体质量不尽如人意。“这需要生产技术与装备国产化重大专项的支持。”孙本双说。

质量不稳定、不过关的材料，谁见谁怕。各色终端生产厂家盘算下来还是觉得买国外进口的省事，久而久之，依赖进口成了“瘾”。

有色金属大国之痛

每年我国 ITO 靶材消耗量超过 1000 吨，一半左右靠进口，用于生产高端产品。受有色金属期货价格波动和技术封锁等因素叠加作用，长期以来价格高企，成品价格最高达每公斤 6000~8000 元，占据企业不小的成本。

“资料显示，我国半导体产品的进口花费超过石油。”2017 年度何梁何利基金奖获得者、昆明理工大学副校长杨斌教授说。

在中国，半导体重要原料铟、锡的采选、冶炼水平已处于世界顶尖水平，产量和品级也堪称世界一流。全球近 80% 的高品质铟、锡来自中国，日企长期购买中国铟锭。

“但我们缺乏下游功能性产品和足够长的产业链，只能赚取原材料的初级利润，比如高品质、大尺寸的 ITO 靶材，就是粉末冶金和半导体行业的痛。”杨斌教授说，国内的大尺寸靶材都只在实验室阶段，技术是一个难点，难以实现量产则是关键。

随着近十年来国内 LCD 产业的发展和 PDA、电子书等触摸式输入电子产品的悄然兴起，尤其是目前，随着有机发光二极管（OLED）以及其他显示器件的发展，对 ITO 靶材制成工艺和设备有了更新、更高的期待。未来一段时间内，这仍是一个有前景的产业。

国内小规模、低层次、做了 20 年之久的“靶”，因没能走上世界前沿而长期依赖进口，如今得到了“回报”。近年，由于中国市场巨大，“小靶”国产能力有了大幅上升，这时国外垄断企业“釜底抽薪”，开始在价格上进行打压，一下子把ITO靶材价格降到800元一吨，一度接近价格最高点时的十分之一，国内20多个企业蒙受了巨大的损失，部分企业甚至奄奄待毙。

“但反过来说，价格低建设成本也低，这也是洗牌的机会。”孙本双说，如果有国家扶持，保留五六家重点企业，同时加快技术攻关，将实验室的技术转化量产，我们有望在大尺寸领域突破，并淘汰一部分国外企业。

ITO靶材主要有两种，一种是采用纳米级的氧化铟和氧化锡粉混合后烧结，一种是铟锡合金靶材。

烧结靶材就是将氧化铟和氧化锡粉末按一定比例混合后，经过一系列的生产工艺加工成型，再经过约1700摄氏度通氧气高温气氛烧结，形成黑灰色陶瓷半导体。ITO薄膜即是利用ITO靶材为原材料，通过磁控溅射装备和技术，把ITO靶气化溅镀到玻璃基板或柔性有机薄膜上。ITO薄膜具有导电性和透光性，厚度一般为30~200纳米。

在实践中，靶材表面会因氧化而影响溅射率，并且不易得到大尺寸的合金靶材，因此一般采取第一种方法生产ITO靶材，它具有沉积速度快、能精确控制膜厚、电导率高、薄膜的一致性好、与基板的附着力强等优点，但是靶材制作困难，这是因为氧化铟和氧化锡不容易烧结在一起，国产工艺及设备上还有诸多难题有待突破。

目前，平面显示器（FPD）取代原以阴极射线管（CRT）为主的各种传统显示器已成为趋势，提出了大幅增加ITO靶材技术与市场的需求。此外，在所有应用产业中，半导体产业对靶材溅射薄膜的品质要求是最苛刻的。制造商对靶材的要求是大尺寸、高纯度、低偏析和细晶粒，这就要求所制造的靶材具有更好的微观结构。靶材的结晶粒子直径和均匀性已被认为是影响薄膜沉积率的关键因素。而在存储技术方面，高密度、大容量硬盘，高密度可擦写光盘等需求，均导致应用产业对靶材的需求发生变化。

国产工业机器人有点“笨”

杨　仑

> 我国已经连续5年成为世界第一大机器人应用市场，但高端机器人仍然依赖于进口。核心算法的差距，是国产工业机器人向高端制造迈进的拦路虎。

两台机器人分别控制双层托盘，让其不断地倾斜、转动，另一台机器人控制机械臂在托盘上十个障碍物间不停地穿行而不受阻碍。这段工业机器人演示视频让人看得眼花缭乱。“这可是人家2009年的技术，我们现在也无法做到”，资深机器人从业者马龙感慨地说。

想要完成如此复杂的动作，工业机器人的大脑——核心控制器必须足够聪明。但由于没有掌握核心算法，国产工业机器人“大脑”还不够聪明，稳定性、故障率、易用性等关键指标远不如工业机器人“四大家族”发那科、ABB、安川、库卡（以下简称“四大家族”）的产品。

据统计，我国已经连续5年成为世界第一大机器人应用市场，但高端机器人仍然依赖于进口。核心算法的差距，是国产工业机器人向高端制造迈进的拦路虎。

算法欠账多，国产“大脑”爱出错

作为工业级产品，衡量机器人优劣主要有两个标准：稳定性和精确性。核心控制器是影响稳定性的关键部件，有着工业机器人“大脑”之称。而软件相当于语言，把“大脑”的想法传递出去。

要讲好这门“语言”，需要底层核心算法。“四大家族”可以出售伺服系统、减速器、编码器等关键部件，但对核心算法一直秘而不宣，绝不外泄。

核心算法差距过大，导致国产机器人稳定性不佳，故障率居高不下。“参数自整定，抑震算法，转矩波动补偿……”某国内机器人企业技术总监孙尧（化名）掰着手指头，一项项介绍说，“算法的差距，拖慢了整个系统的响应速度和稳定精度。”

“工厂里一百多台‘四大家族’设备，一年也出不了几次故障；如果

用国产机器人，故障率可能是人家的几倍。”沈阳霹雳科技有限公司技术合伙人、资深机器人软件工程师周超说。

因此，部分客户宁愿买二手进口机器人，缴纳一笔不菲的“重新开机费”，也不愿意使用国产机器人。

“好的算法，几千行就能让机器人稳定运行不出故障；差的算法，几万行也达不到人家的水准，”周超介绍，“就好比两个司机开车，刚拿驾照的新手和经验丰富的赛车手，上路之后的差距一目了然。”

知其然，不知其所以然，正是核心算法多年来欠账的结果。

不掌握核心算法，生产精度需求不高的产品还勉强可以，但倘若应用到航天航空、军工等高端领域，就只能依赖进口工业机器人了。

“打个比方，底层核心算法好比手机操作系统，我们更多在做 App。虽然做基础研究投入大、回报低，做 App 赚钱快，但只做 App，永远也无法超过苹果和谷歌，”周超说，“况且一旦别人对你封锁系统，App 做得再好用也无济于事。”

软件卡脖子，定价权拱手让人

算法的差距不只体现在核心控制器上，更拖慢了伺服系统响应的速度。

机器人每完成一个动作，需要核心控制器、伺服驱动器和伺服电机协同作战。打个比方，就像一场“战争”，“将军”下令进攻，“传令兵”传递进攻信号，得令的“士兵”向指定位置冲锋。

现在“四大家族”的产品已经进化到“将军”通过 4G 信号直接指挥“士兵”，而国产机器人尚停留在传令兵时代，速度当然就慢了许多。

“如果不掌握核心算法，这一差距很难缩小。”马龙介绍说，对于单台伺服系统，国产机器人动态与静态精度都很高，但高端机器人一般同时有6台以上伺服系统，用传统的控制方法难以取得好的控制效果。

多台伺服系统需要“大脑”提前进行计算。通过底层算法，国外核心控制器可以通过伺服系统的电流环直接操作电机，实现高动态多轴非线性条件下的精密控制，因此“四大家族”的机器人响应速度更快、定位更准确。

由于算法、软件的差距，最终产品的售价也天差地别。以伺服系统为例，即使核心元器件几乎完全一样，成本其实相差无几，但国外的产品售价贵10倍。

“这是因为国产伺服系统基本都使用自带软件库，国外企业限制很多高级功能，不向我们开放，比如位置环的S曲线功能，你想要这个功能，就得掏钱买人家的产品，定价权就这样让出去了。”马龙说。

鼓励企业研发，机器人未来可期

尽管与“四大家族”相比差距明显，但专家、从业者都比较看好国产机器人的未来。

从技术上看，硬件的发展已有几十年的历史，几乎无秘密可言；软件方面，我国拥有数量庞大的IT从业人口。“现在，我们很多企业也可以集成出高水准的工业机器人产品，”周超说，“但完全自主知识产权、拥有关键部件核心技术的国产工业机器人，还需要经验、时间与整个产业链的积累、打磨。”

工业机器人市场有点像几年前的智能手机市场。只要熟悉产业链、供应链，很快就能“攒”出一台机器人产品，但想要掌握核心技术，却并不那么容易。当某一项技术取得突破，等待市场检验、慢慢成熟时，国外厂商很可能会压低该零部件的价格，提供功能更成熟、价格更便宜的方案，导致国内企业投入与回报不成正比，这也是很多企业不愿意在底层研发上投入的原因。

“作为从业者，我们希望能有更多以技术为导向的政策，只要技术达标，就给予企业一定的市场空间，在实践中慢慢打磨产品，吃透核心技术，鼓励企业将更多的人力、财力投入研发当中，这样才能让国产工业机器人真正在世界的舞台上唱主角。”马龙说。

作为技术壁垒最高的工业机器人关键零部件——减速器，按结构不同可以分为五类：谐波齿轮减速器、摆线针轮行星减速器、RV 减速器、精密行星减速器和滤波齿轮减速器。其中，RV 减速器和谐波减速器是工业机器人最主流的精密减速器，RV 减速器在先进机器人传动中有逐渐取代谐波减速器的趋势。

伺服电机是一种补助马达间接变速装置，可使控制速度，位置精度非常准确，可以将电压信号转化为转矩和转速以驱动控制对象，相当于工业机器人的“神经系统”。

控制器是工业机器人的“大脑”，发布和传递动作指令，包括硬件和软件两部分：硬件就是工业控制板卡，包括一些主控单元、信号处理部分等电路，软件主要是控制算法、二次开发等。成熟机器人厂商一般自行开发控制器，以保证稳定性和维护技术体系。我国控制器与国外相比差距较小，硬件方面已经掌握，软件方面在稳定性、响应速度、易用性等还有差距。

国产大飞机起落失据

孙玉松

在大型飞机结构性关键部件用钢方面，我国整体水平基本上可以满足国防军工、装备制造、国民经济发展要求，但与国际先进水平相比，仍存在较大差距，尤其在航空（航天）用高温合金方面，我国仍处于跟跑阶段。

“如果把发动机和飞控设备比作飞机的心脏和大脑，那么航空超高强度钢制作的起落架就是飞机的‘腿脚’。没有强健的腿脚，纵使心脏和大脑再强大，巨人依然站立不起来！”“青年千人计划”学者、南开大学材料学院教授、博士生导师梁嘉杰介绍说。

在梁嘉杰等材料科学家看来，随着中国大飞机等项目的加速推进，国产航空超高强度钢材的研发制造必须迎头赶上，才能让国产大飞机更稳健地翱翔蓝天。

美国 300M 是世界主流

“川航客机玻璃脱落迫降，落地时由于超重滑行，轮胎都瘪了，但依

然实现了安全着陆，这得益于好的起落架，如果没有好的高强度钢，这种迫降是致命的。”中国民航大学的一位学者说。

无论是起飞还是降落，起落架都是支撑飞机的唯一部件，尤其是在飞机降落阶段，其承载的载荷不仅来自机身重量，还有飞机垂直方向的巨大冲力。因此，起落架的材料强度必须十分优异，一般材料无法满足这一要求，只能依靠特种钢材才行。“频繁的起降滑行，对起落架的材料可靠性提出了近乎严苛的要求，可以说起落架用钢代表着一个国家超高强度钢的最高水平。”专家如是说。

在航空业，大飞机是指起飞总重量超过 100 吨的运输类飞机，包括军用、民用大型运输机和 150 座以上的干线客机。每架大飞机的起落架用特种高强度钢约 15 吨。因为国产材料不过关，首架 C919 下线试飞时，起落架用进口材料制作。

梁嘉杰介绍说，就目前起落架钢材使用现状来看，美国的 300M 钢使用范围最广。300M 钢是 1952 年由美国国际镍公司研发，并采用整体锻件制造工艺制造而成，其强度在 1900~2100MPa，相当于 20000 个大气压。迄今为止，美国九成以上军民用飞机起落架材料由 300M 钢担纲。

必须翻过纯净度这座“山”

“超高强度钢可分为低合金、中合金和高合金三类，飞机起落架用的钢材，是典型的低合金钢，对‘氢脆’很敏感，真空高温冶炼需要高纯净度。”天津工业大学一位研究金属的教授介绍，钢铁等金属材料原子按照一定的规则排列，被称为晶格。晶格中偶尔有不守秩序的原子会站错队，发生错排的地方被称为位错。钢铁冶炼凝固过程中，残留在钢铁内的氢原子会主动寻找位错，向金属中缺陷附近不断集中，到室温时，原子氢在缺陷处结合成分子氢，从而产生巨大的内应力，使金属发生看不见的裂纹，也就是“氢脆”。

“从原子变分子，氢就如同啸聚山林的好汉，聚到一起就会产生很大的破坏力。用于制作起落架的超强度钢最怕这个。”该教授形象地说。美国飞机部件破坏调查分析表明，起落架多数是由于表面应力腐蚀或疲劳裂纹扩展而导致最后断裂的。

美国的 300M 钢采用真空热处理技术，避免了渗氢，零件表面光亮，无氧化脱碳、增碳和晶界氧化等缺陷，提高了表面质量。与此形成对比，国内用于制作起落架的国产超强度钢材有时会出现点状缺陷、硫化物夹杂、粗晶、内部裂纹、热处理渗氢等问题，这些问题都与冶炼过程中纯净度不够有关系。

目前，我国的超高强度钢材研制水准与欧洲、俄罗斯相比基本相当或略有优势，但在材料创新基础研究能力，尤其是高纯度熔炼技术方面与美国还有较大差距，存在很大提升空间。

“未来，应该重点关注提升超强度钢纯净度。”中国航发北京航空材料研究院研究员、中国工程院赵振业院士说，纯净度会影响航空器械的“寿命”，也是所有航空超高强度钢的“命门”，是必须要翻越的山。他打比方说，其影响如同我国的气候分水岭秦岭一样明显，翻过秦岭是四川的湿润气候，秦岭以北是陕西的气候。航空器关键构件达到长寿命、高可靠、结构减重，首先要过了纯净度关，然后才能谈抗疲劳性等金属材料的其他特性。

部分技术还停留在实验室阶段

全球航空航天材料市场预计到 2022 年将达到 258 亿美元，这是一个快速增长的庞大市场，目前高端新材料基本上被美国和欧洲垄断。根据测算，我国高温合金行业长期处于供不应求的状态，年市场缺口近 1 万吨。

一代材料技术，一代航空装备。“在大型飞机结构性关键部件用钢方面，我国整体水平基本上可以满足国防军工、装备制造、国民经济发展要求，但与国际先进水平相比，仍存在较大差距。尤其在航空（航天）用高温合金方面，我国仍处于跟跑阶段。不过客观上讲，我国研制和生产水平与先进国家的差距正在缩短。”中国钢铁研究总院副院长杜挽生说。航空用高纯度单晶高温合金，发达国家已经实现了四代技术的应用量产，而国内只到了第二代，第三代、四代技术仍在持续的攻坚中。

2018 年 5 月 14 日上海航展上，宝钢特钢有限公司研制生产的 300M 超高强度钢露面，这意味着在 C919 后续机型上，起落架有望在确保安全的前提下实现国产化替代。但有钢铁冶金业内人士表示，大飞机用的超强度钢材完全国产化这一过程还有一段很长的路要走。国内高性能钢铁部分制造技术，尤其是新一代数字化和智能化控轧控冷技术、先进热处理技术、变截面轧制技术、温度梯度轧制技术、高精度轧制技术，与美国、日本还有不小的差距，有的还停留在实验室层面，超高强度钢材实现完全国产化，还要加强科研。

超高强度钢的研究、应用只有不到80年的时间，是钢家族中的年轻成员。但是，不是随便什么钢都可以被称为超高强度钢，只有抗拉强度大于1800MPa、屈服强度大于1400MPa，且兼有良好的塑性、韧性，才能进入超高强度钢家庭。按照其合金化程度和显微组织可分为低合金、中合金和高合金超高强度钢等三大类。

超高强度钢是当今世界上使用强度最高的金属结构材料，它是一个国家材料水平、冶金技术水平的标志，超高强度钢还是制造各种高端机械装备的传动齿轮、轴承、转轴、对接螺栓等关键构件不可替代的材料。从20世纪50年代起，超高强度钢经历了钢种、牌号设计到达极限性能的发展历程，以适应构件轻、体积小、一般环境、潮湿环境和海洋环境服役。

美国300M钢是在4340钢的基础上发展而来的，4340钢采用焊接方法制造，而随着大型压气机的发明，起落架不再经焊接方法制造，而采用整体锻件制造工艺。300M钢于1952年由美国国际镍公司研发，并采用整体锻件制造工艺制造而成，其性能十分优异，强度在1900~2100MPa，相当于20000个大气压。从1964年开始，C-5A“银河”大型军用运输机起落架就开始采用300M钢制造，迄今为止，美国90%以上的军民用飞机起落架材料都是300M钢。

国产铣刀难担高铁钢轨养护重任

华 凌

高铁被称为“一带一路”沿线20国青年最想带回家的“中国特产”之一。从2003年开始至今，我国铺设的高铁轨道长度已占世界高铁总里程的一半以上，而钢轨养护问题也愈加让业内专家忧心——有着高铁“筋骨”之称的钢轨，若养护不到位，不仅折损生命周期，还存在高风险隐患。

“大国重器，保养是重中之重！目前，尽管我们自主创新研发出世界首台套双动力电驱铣磨维护机器人装备——被称为钢轨‘急救车’的铣磨车，但是其中最核心部件铣刀仍需从国外进口。”北京拓博尔轨道维护技术有限公司首席科学家刘博博士介绍说，“没有铣刀，‘急救车’发挥不了作用，真乃万事俱备，只欠把合适的‘手术刀’。”

钢轨也需保养整形

“每一条钢轨都是有生命的，天冷了它会紧缩身躯，气温高会舒张筋骨。近年来，随着万吨大列运行、车速不断提高，列车对钢轨碾轧冲击不断加大，其伤损日益增多。”济南铁路局聊城工务段探伤工高级技师张勇说。

南车戚墅堰机车车辆工艺研究所有限公司相关专家介绍，列车在运行过程中发生磨耗，不仅铁道钢轨轨头的几何形状会改变，轨面还会出现波浪磨耗、鱼鳞伤及肥边等缺陷。为修复钢轨型面，就要用仿形铣刀对钢轨轮廓及时铣削整形，及时消除各种缺陷。

实践证实，及时恰当地进行保养整形对钢轨明显利好：日本新干线钢轨的更换寿命延长 30%，伤轨更换大致减少 30%。

铣钢如削面如何做到

“钢轨得不到及时养护整形，直接影响到高铁奔跑时的稳定性、舒适度，还会滋生安全隐患，为之付出的代价不可想象。”刘博介绍，为了能够承受得住过往列车的重力、摩擦和冲击，钢轨对材质的强度、硬度及韧性要求相当高，一般由特殊标号的高锰钢材料制成，抗磨性高，但这也就造成钢轨表面坑洼不平时，铣磨平滑的难度也很大。

工欲善其事，必先利其器。“奥地利博瑞特公司生产的铣刀，犹如刀削面一样，可把钢轨‘病害’顿时铣削！”刘博说。

据了解，国内城市轨道交通，对钢轨的保养主要有两种方式，砂带打磨或引进国外铣磨技术设备。

秦皇岛齐二数控机床研究院副院长王振宇介绍，前者作业效率低、有时要打磨 8~10 遍，才能修复 0.2 毫米钢轨损耗；而后者一次就能修复 3 毫米左右的钢轨损耗，可彻底消除各种轨面病害或缺陷，这种方式工作效率高但价格昂贵。

目前只有德国和奥地利拥有制造仿形铣刀刀盘和刀片的先进技术，

多数应用于欧洲铁路工务维护作业，如客运专线、地铁轻轨等。2011 年，我国花重金从奥地利引进了多台钢轨铣磨车，其中的铣刀就是这两国公司共同制造的。

国内尚在学徒阶段

能像削面一样切削钢轨，这铣刀是什么材料炼就的?

“一种超硬合金材料。对其中金属成分我们已然了解，但就是不知人家是怎么配比、合成的，如同琢磨某种中药的祖传秘方、各种药材比例是多少，都不甚明了。”刘博答道。

为防止可能出现的禁售或单方面抬高售价，“这两年我们已会同国内有关科研机构，从实际需要出发，加紧研发先进的铣削技术。”刘博说。目前，成都工具研究所已探索了可行性方案，理论计算性能可提高 30%，

成本会降低一半。

业内人士指出，奥地利拥有顶尖铣削技术储备的公司已成立近百年，在生产工艺上积累了充足经验，而国内可以说尚在学徒阶段。

“目前，我们只有结合性能需求，不停试错、反复总结，才能争取在技术性能上有所突破，有望在今年年底形成中国独有的铣削技术路径，研发出具有自主知识产权的‘利器’，不再受制于人。”刘博说。

在机加工行业，通常有车铣刨磨等几大工种，铣削加工是最常规的作业方式之一。其中铣刀是铣削加工作业用的工具，主要用于切削金属材料。

钢轨铣磨车是钢轨维护设备的高技术产品，铣刀盘作为切削作业工具，其性能至关重要。此前铣刀盘主要由国外进口，并且由唯一厂商供货，不但成本高、服务不佳，更重要的是，存在断货这样卡脖子的问题。

2018 年 8 月，北京拓博尔轨道维护技术有限公司与成都工具所联合开发出新的铣刀片，经过现场切削作业实验，性能基本达到使用要求。尽管有些性能需要更长时间的观察才能得出最终结论，但替代国外进口产品大有希望。

可以预测，经过这一轮关键技术、关键部件国产化后，我国钢轨铣磨车产品的成本将会大幅度降低，从而销售价格也会大幅度下降。随之，钢轨铣磨车可被越来越多地应用到钢轨维护现场，提升轨道运营质量。未来的愿景是让每一个城市地铁公司都用得起钢轨铣磨车。

高铁敏感元器件国货难觅

矫 阳

精准、迅捷、抗干扰，令加速度敏感器件的选择异常严苛。我国高端传感器产业长期处于产业链中下游，进口率高达 80% 以上。

加速度传感器负责对动车组的失稳、车厢舒适度和走行部件健康状态进行检测，广泛应用于轨道交通系统。

“为保证动车组以时速 350 公里安全行驶，必须对来自 X（轴）、Y（径）和 Z（垂）向的应力进行实时监测。”北京交通大学教授秦勇介绍说，加速度传感器会将来自以上三个方向的力，通过电信号传输给高铁综合指挥系统。

加速度敏感器件是加速度传感器中的核心部件，负责将监测到的加速度物理量，按一定比例转化为电压信号。“其精度、准确度和可靠性，直接影响加速度传感器的整体性能。”秦勇说。

精准、迅捷、抗干扰，令加速度敏感器件的选择异常严苛。我国高端传感器产业长期处于产业链中下游，进口率高达 80% 以上。

最小长度为头发丝直径的 1/50

加速度敏感器件属高端芯片，多采用 MEMS 工艺制造。

MEMS 是一门综合学科，涵盖微尺度下的力、电、光、磁、声、原子、表面等物理学的各分支，乃至化学、生物、医学和仪器等各领域，学科交叉很强，研究难度很大。

“MEMS 工艺则是在传统的半导体工艺和材料基础上，利用平面硅加工工艺、体硅加工工艺等微纳米技术，在硅片上制造微型机械敏感器件，并将其与对应电路集成为一个整体的技术，具有一致性好、功耗低，易于量产的优点。”宁波中车时代传感技术有限公司副总经理吕阳介绍说，相比传统的厘米级机械器件，MEMS 器件尺寸非常微小，长度从 1 毫米到 1 微米，而一根头发丝的直径大约是 50 微米。

硅是 MEMS 的主要材料，其电气性能优良，硅材料的强度、硬度和杨氏模量与铁相当，密度与铝类似，热传导率接近钼和钨。“一块几微米的 MEMS 传感器芯片，要集成七八种机械配件。”吕阳说。

几个数据显示出进口 MEMS 加速度敏感器件的优良程度。

X、Y、Z 三轴，零点偏置为 ±50 mg 甚至更小、零点温度误差可做到 ±1 mg/℃、灵敏度温度误差可做到 ±100 ppm/℃、噪声可低至 30μg/√Hz。

“几项指标均业界领先。”吕阳介绍说，目前全球拥有整个 MEMS 产业链的公司基本为美日欧公司，有博世、霍尼韦尔、ST(意法半导体)、索尼、ALLEGRO、AKM、TDK、英飞凌等，占据世界 90% 以上的市场。

国产 MEMS 器件量产仅有 X、Y 轴向

我国地域辽阔，高速铁路经过的地理环境复杂多样，不仅要面对高湿、高低温、强振动和强电磁的干扰，还要直接承受风、雨、雪、盐雾、粉尘等侵袭的恶劣应用环境，对加速度传感器的可靠性要求极高，比如百万分之一的故障率，产品实际使用寿命达到 10 年以上。

“对以安全为第一的高速轨道交通行业，国产加速度传感器集成商必然会选择高可靠性的敏感元器件。”秦勇认为。

反观国内 MEMS 加速度敏感件产业，公开资料显示，国内规模最大、专做 MEMS 的企业美新，目前能形成量产的还是两轴产品，仅能测量 X、Y 两个独立方向的加速度变化。

“除起步晚、研发和材料工艺落后，资金和人才的严重匮乏，是国内 MEMS 行业发展滞缓的重要因素。”吕阳说，给消费类产品使用的加速度敏感器件，不能直接应用于高速轨道交通行业，需要进行可靠性优化设计。

MEMS 传感器品类众多，以万为单位，且不同 MEMS 传感器之间参量较多，没有完全统一的标准工艺。“这种行业特性，要求企业在前期

研发上必须投入巨资。”吕阳说，一般而言，月产1000万只，才能保证MEMS传感器市场盈亏平衡。而根据调查，国内绝大多数企业都远低于这一规模。

观察中外MEMS产业，美日顶尖企业的产业链覆盖从研究、设计、制造、封装、测试、软件到系统应用，而国内企业相关产业则十分分散，更无一家能形成完整产业链。行业分析认为，我国MEMS研发人才和资源主要集中在高校与科研院所，对新型MEMS器件的研究课题多与企业需求错位，大多数科研成果难以落地实施。

SOI工艺加工等关键技术已突破

高铁产业需要大量传感器，以8编组的复兴号为例，车辆配有1000多个传感器，实时采集与监测车辆状态数据。

到2020年，中国高铁里程将达新增5000公里，达3万公里，未来三年，将有900组“复兴号”投入运营。“这意味着对加速度、角度和温度等传感器的巨大需要。”秦勇表示，不仅如此，随着时速400公里高铁技术的推进以及智能化，未来高铁对传感器的要求会更高。

高铁智能化速度将会越来越快。2019年，“复兴号”智能版列车将上线运行，在世界上首次实现时速350公里自动驾驶；而中国铁建电气化局设计研发的高铁供电线材之一，棘轮智能在线监测装置，在国内首创组装高精度角度传感器、温度传感器和振动监测传感器，其中角度传感器测量精度为 ±0.1° ，温度传感器测量精度为 ±0.1℃。

“目前国产轨道交通装备传感器尚属二代产品，仍以模拟量传输为主，易受干扰，同时在恶劣条件下发生故障后，尚无法实现自诊断，不具备自愈能力。”秦勇说，MEMS工艺就是要实现信号输出从模拟改为数字，具备自校正、自诊断、自判断和自愈能力。

MEMS 加速度传感器国产化替代正紧锣密鼓。

“相关科研院所已突破高精度 SOI 工艺加工、圆片级可调阻尼封装、低功耗 ASIC 专用集成电路等关键技术，但因良品率和一致性不理想，目前还未在国内实现商业化批量应用。”吕阳说。

SOI，指在顶层硅和衬底硅之间，引入一层二氧化硅层，起绝缘和隔离作用。基于 SOI 工艺的 MEMS 器件具备工艺简单、漏电流小、无闩锁效应、电流驱动能力强等诸多优点。

国产轨道装备 MEMS 加速度传感器的另一抹亮色是前沿基础研究。据秦勇透露，北京交通大学正与北京大学微电子国家重点实验室合作，已初步设计出一款可自供电的纳米级传感器，用于测量动车轴承的加速度。

在时速超过 350km/h 的高速铁路线路上，列车的测速定位问题显得越来越重要，只有时刻掌握列车运行的即时速度和位置，才能确保列车正点到达和安全运行。

加速度传感器是一种能够测量加速力的电子设备。高速运行的列车内部，因加速度会造成晶体变形产生电压，加速度传感器根据压电效应原理，计算出产生的电压和所施加的加速度之间的关系，将加速度转化成电压输出。

还有很多其他类型的加速度传感器，如电容式加速度传感器、压阻式加速度计、伺服式加速度计等，但其最基本的原理都是由于加速度使某种介质产生变形，通过测量其变形量并用相关电路转化成电压输出。

轮轴脉冲转速传感器是利用车轮的周长作为“尺子”测量列车走行距

离，根据所测距离测算列车运行速度。然而，在车轮空转或打滑时，这种测量就会存在误差。为解决此类问题，在列车车轴上加装一个加速度传感器，配合脉冲转速传感器使用。在列车打滑期间，把机车的内加速度作为测速的信息源，该信息与车轮旋转的状态等信息不相关，而在其余工作时间仍用轮轴脉冲传感器测速，所以该方式被称为基于惯性加速度传感器的测速。

利用传感器进行测速和定位方法简单、经济实用，测量数据误差在规定范围，而加速度传感器在高速铁路的应用较广，是目前应用的主导产品。

鲠在中国装备制造业咽喉的一根刺

王海滨　王玉芳

国内生产的液压柱塞泵与外国品牌相比，在技术先进性、工作可靠性、使用寿命、变量机构控制功能和动静态性能指标上都有较大差距，基本相当于国外 20 世纪 90 年代初水平。差距主要表现在产品品种、性能和可靠性等方面。液压产品品种只有国外的 1/3，寿命为国外的 1/2。

"我国液压工业的规模在 2017 年已经成为世界第二，但产业大而不强，尤其是额定压力 35MPa 以上高压柱塞泵，90% 以上依赖进口。可以说，高压柱塞泵是鲠在我国装备制造业咽喉要道的一根'刺'。"太重集团榆次液压工业有限公司副总、高级工程师陈群立介绍说，"高性能的柱塞泵，美、德、日等国外 4 家龙头企业占据中国市场 70% 以上份额，在技术方面却对中国严密封锁。"

小部件，大威力

高压柱塞泵是高端液压装备的核心元件，被称作液压系统的"心脏”。液压系统是装备制造业的关键部件之一，被广泛应用于农林机械、化工、轻纺机械、能源工业机械、冶金工业机械、建材工业机械、机床行业，以及军工、航空航天、船舶等领域。

据相关数据统计，发达国家生产的95%的工程机械、90%的数控加工中心、95%以上的自动线都采用了液压传动技术。可以说，一切工程领域，凡是有机械设备的场合，都离不开液压系统。

一个完整的液压系统由5个部分组成，即动力元件、执行元件、控制元件、辅助元件和液压油。动力元件的作用是将原动机的机械能转换成液体的压力能，向整个液压系统提供动力。液压泵的结构形式一般有齿轮泵、叶片泵、柱塞泵和螺杆泵。

高压柱塞泵属于动力元件。我国国产大飞机C919试飞成功的重要功臣之一，中国二重生产的国际最大的8万吨级模锻液压机，其高压柱塞泵就是进口美国的产品，几十台柱塞泵靠电动机带动把液压油加压后推动油缸产生8万吨的锻打压力。

再比如坦克的履带行走，就是依靠内燃机带动液压泵，让油液经由阀门控制通过油管输出去，驱动马达变成旋转运动，然后带动履带行走。我国的坦克、装甲车等军工机械，绝大多数使用的是进口高压柱塞泵。

这些进口的液压泵，每台价格都在20万元以上。而这些液压泵的更换和维修，都会受到外国公司供货周期和提供服务的牵制。

“形似”易，“神似”难

陈群立说：“要实现高压柱塞泵产品的技术突破，首先就要实现高端铸件的突破。”

他介绍，高压柱塞泵的各个零件都被整体“包裹”在铸造壳体里面，

如果说高压柱塞泵是液压设备的心脏，那么，柱塞滑靴副可视作这个心房内的心瓣膜。

与柱塞、滑靴配对运动的缸孔及止推板都相当于“心房”“心室”的动力部件，它们都在输出动力的时候各司其职，受冲击和交变应力最为频繁，受压最大，运动速度和加速度最高，这些部件除了本身应该具有高硬度和耐磨的特性外，还共同依靠铸件壳体的高精度支撑。

“高压柱塞泵在工作过程中，会受到10~30兆帕的高频率冲击，高压柱塞泵在高频率的冲击下，铸件外壳就要承受巨大的机械力和液压力，不合格的铸件外壳在受力（热）后会变形变大，壳体轻则会出现‘冒汗’现象，重则泄漏，甚至有的柱塞—滑靴还会出现脱开的现象。”陈群立介绍说。

另外，由于壁厚不均，存在许多孤立的热节，高压柱塞泵铸件内部容易出现缩松、缩孔等缺陷，所以高压柱塞泵的铸件对技术、工艺和后续处理等方面的要求很高。

国内生产的液压柱塞泵与外国品牌相比，在技术先进性、工作可靠性、使用寿命、变量机构控制功能和动静态性能指标上都有较大差距，基本相当于国外20世纪90年代初水平。差距主要表现在产品品种、性能和可靠性等方面。液压产品品种只有国外的1/3，寿命为国外的1/2。

我国生产的高压柱塞泵与国外先进水平的差距在于：故障率高，我们的产品有的只用一两个月就出现故障，国外的可以用一两年；平均无故障运行时间，我国的在2000小时以下，国外的可以达到8000小时以上；泵的容积效率低下，我国的柱塞泵长时间运行状况下极易发生过度发热、内损，从而功效急速下降。

目前，国内生产液压柱塞泵规模较大的有太重榆液、中航力源、北京华德等企业。

由于铸件工艺的薄弱，国内大多企业只能做到“形似”，还没能做到“神似”。

国产化提速，推广应用还需假以时日

山西是我国重要的液压基础件生产制造基地，也是重型装备的制造和使用大省。太重集团榆次液压工业有限公司，是国内规模最大的高端液压产品制造企业之一。产品用户遍布全国，出口东南亚、中东、欧美等国家和地区。

近年来，太重榆液引进国际先进工艺技术，引进世界顶级的液压铸造专家、质量控制专家和软件设施等，初步实现了引进吸收再创新。目前，材料研究、柱塞泵、高压阀、多路阀等多项关键技术已经取得突破，产品已经实现了装机。

陈群立说：“我们的自主产品还需要市场检验，需要更多的用户检验。在初始阶段，推广应用是一道艰难的门槛。呼吁有关部门给予政策支持，帮助我们的自主产品走向市场，替代进口，反过来再促进我们的产品不断提高质量。”

发达国家的高压柱塞泵研究和应用，比我国早100多年，在“二战”期间，他们的产品已经广泛应用于军舰、坦克等大量军工装备。从基础理论研究到产品推广应用，都经历了长期的积累。

而我国则从20世纪80年代末90年代初才有科研机构与生产厂家开始研究开发这种产品，有关高压柱塞泵的基础理论研究薄弱，设计理念和水平落后，特别是三大摩擦副的材料和工艺，都没有取得实质性进展。

太原理工大学机械工程学院院长权龙教授说：“并不是我国制造不了高压柱塞泵，只不过我国液压工业较发达国家起步晚，制造的柱塞泵在性能上、使用寿命和可靠性方面较国外先进产品尚有一定差距。近年来我们与国外的差距正在不断缩小，随着行业和企业的重视，这个差距会越来越小。”

国产飞机设计的“紧箍咒”

张 晔

航空设计软件想要与国外媲美，必须有市场化思维。且这类软件开发周期较长、基础理论要求高，需要国有科研单位与民营软件公司配合，理顺上下游产业链。

“30 多年前，我读研究生时就在编写飞机设计和分析软件，当时我国的航空设计软件跟国外同时起步，但是现在市场已经完全被国外掌控。”说起飞机设计软件发展历程，南京航空航天大学教授、NH40 飞机总设计师姚卫星觉得不可思议。

自 20 世纪 80 年代后，世界航空业就迈入数字化设计的新阶段，现在已经达到离开软件就无法设计的高度依赖。设计一架飞机至少需要十几种专业软件，全是欧美国家产品。国内设计单位不仅要投入巨资购买软件，而且头戴钢圈，一旦被念“紧箍咒”，整个航空产业将陷入瘫痪。

数字化“造”飞机更靠谱

飞机设计涉及30多个学科专业，每个专业都有自己的设计软件，它们是飞机设计及性能评估不可或缺的工具。

姚卫星介绍说，设计飞机全过程在CATIA为基础的平台上开展。首先要从气动外形开始，用到的软件主要有Fluent、AAA等。

然后是结构设计，用到的软件主要有MSC NASTRAN、Abques、Fatigue、Analsis等；同时开展系统设计，包括操作系统、动力系统、控制系统和人机环境等，用到的主要软件有ADMS、Simulink等。

最后，还要把设计好的部件在计算机中“组装”成飞机，并输入各种参数模拟现实环境进行测试。

飞机设计不仅流程烦琐，而且零部件数量庞大，加工制造容不得丝毫误差。在手工设计时期，返工修改是飞机制造业的通病。以我国飞豹飞机为例，如用传统手工设计，按常规考量估计有近6000张工程更改单。采用数字化设计的飞豹，工程更改单仅有1041张，工程量减少80%左右。

据媒体报道，设计歼-10飞机时，主起落架主承力结构的整个金属部件是委托国外制造。但造完之后，起落架的收放出现问题，有5毫米的误差，只好重新订货制造。仅仅是这一点点的误差，导致歼-10首飞推迟了八九个月。没有全数字化的软件支撑，任何一点细微的误差，都可能成为制造业的梦魇。

从公开报道得知，飞豹有54000多个结构件，43万个标准件；最新列装的运-20有近千万个零部件。如此复杂的产品，没有全数字化设计，几乎是不可想象的。

发令枪响了 30 年还在原地走

20 世纪 80 年代，得益于计算机技术的兴起，我国的航空设计软件与国外同时起步。

“现在这些名气很大的软件，起初都是航空公司或大学科研人员开发的，比如 CATIA 软件，功能很强大，现在全球的飞机公司基本都用这个软件在设计，就是法国达索公司一个设计室研发的；还有 AAA 软件，是美国一个大学教授开发的。”姚卫星说，我国的航空设计软件起步阶段与国外差不多，也是科研人员根据工作需要琢磨着编写出来的。

例如，中航集团 623 所在 20 世纪 80 年代就开发出一款“航空结构分析软件（HIJF）”，主要功能与大名鼎鼎的美国 NASTRAN 软件相近，但是现在鲜有人用。

其差别就在于，国外软件开发出来后，会根据设计需要，一步步升级改进，目的是使软件好用易用、让更多的人使用；而国内的软件开发出

来后，只要计算结果正确，谁也不会花精力去美化界面、增添功能，软件的使用者也仅局限于本单位或本科室甚至是某几个人，除此以外，别人既看不懂也不会用。

久而久之，大家也就更乐于使用成熟、美观且好用的国外软件。

但是，使用国外软件的代价也是相当大的。“比如达索的 CATIA，国内任何一个航空设计单位在这一个软件上花的钱都要上千万元。”姚卫星说，航空设计软件少则几十万元，多则近千万元，每增加一个账号还要另付一笔费用，过几年升级版本还要付费。如果要完整地设计一架飞机，需要十几甚至几十个软件，花费可想而知。

航空设计软件自给需补足市场课

航空设计软件起早赶晚集，是缺人还是缺钱？都不是。

我国信息产业已涌现出华为等知名企业，在某些应用领域甚至领先于发达国家。

“航空设计软件的程序代码与普通软件并没有什么不同，但是背后需要强大的理论支撑。比如用来设计结构强度的有限元软件，基本原理就来自我国冯康院士提出的‘有限元’理论。”

姚卫星说，他根据自己的研究理论开发的结构疲劳分析软件，也是业内公认的“独门秘籍”，国内绝大多数飞机在设计时都请他去计算过结构疲劳强度，国外公司为了获取“秘籍”邀请他当顾问、高薪聘用他的学生，但是都没有开发出相似的软件。

在我国航空设计单位中，类似的现象还有不少。可以说，我国并不缺少相应的人才和理论基础。近年来，有关部门也组织科研单位集中力量开发相应软件，但时至今日，市场上也看不到哪个国产软件在流通使用。

“国有科研单位以型号为管理目标，导致软件后续开发难以持续，而民营企业又没有航空专业人才。”姚卫星说，航空设计软件想要与国外媲美，必须有市场化思维。且这类软件开发周期较长、基础理论要求高，需要国有科研单位与民营软件公司配合，理顺上下游产业链。

“没有哪个软件是完美的，国家应多研究出台政策，鼓励国产软件的开发和使用。”姚卫星说，高校院所也应改进考核机制，让科研人员愿意投入几年甚至更长时间开发一款航空设计软件且不受评价机制的影响成为可能。

中国半导体产业因光刻胶失色

过国忠

在光刻胶研发上，我国起步晚。近几年，虽说有了快速发展，但工艺技术水平与国外企业有着很大的差距，尤其是尖端材料及设备都仍依赖进口。

“假如我们把光刻机比作一把菜刀，那么光刻胶就好比是要切割的菜，没有高质量的菜，即使有了锋利的菜刀，也无法做出一道佳肴。”江苏博砚电子科技有限公司技术部章宇轩介绍说。

在北京化工大学理学院院长聂俊眼里，我国虽然已成为世界半导体生产大国，但面板产业整体产业链仍较为落后。目前，上游高端电子化学品（LCD用光刻胶）几乎全部依赖进口，必须加快面板产业关键核心材料基础研究与产业化进程，才能支撑我国微电子产业未来发展及国际“地位”的确立。

光刻胶，画面绚丽的根本

显示器是人与机器沟通的重要界面。光刻胶是整个光刻工艺的重要部分，也是国际上技术门槛最高的微电子化学品之一，主要应用在集成电路和平板显示两大产业。光刻技术决定了集成电路的集成度，引领了技术节点的推进和实现。

章宇轩介绍，我们在日常工作生活中，之所以能从显示屏幕上看到色彩斑斓的画面，就是离不开屏幕中厚度只有 2 μm、却占面板成本 16% 的一层彩色薄膜。然而，彩色薄膜颜色的产生，必须由光刻胶来完成。

LCD 是非主动发光器件，其色彩显示必须由本身的背光系统或外部的环境光提供光源，通过驱动器与控制器形成灰阶显示，再利用彩色滤光片产生红、绿、蓝三基色，依据混色原理形成彩色显示画面。

其中，根据颜色的不同，可以将光刻胶分为黑色、红色、绿色、蓝色四种。彩色滤光片的制作就是在玻璃基板上应用黑色光刻胶制作黑色

矩阵，再应用红、绿、蓝光刻胶制作三原色像素。

光刻胶的研发，关键在于其成分复杂、工艺技术难以掌握。光刻胶主要成分有高分子树脂、色浆、单体、感光引发剂、溶剂以及添加剂，开发所涉及的技术难题众多，需从低聚物结构设计和筛选、合成工艺的确定和优化、活性单体的筛选和控制、色浆细度控制和稳定、产品配方设计和优化、产品生产工艺优化和稳定，最终使用条件匹配和宽容度调整等方面进行调整。因此，要自主研发生产，技术难度非常之高。

江苏汉拓光学材料有限公司副总经理孙友松介绍说，在光刻胶研发上，我国起步晚，2000 年后才开始重视。近几年，虽说有了快速发展，但整体还处于起步阶段。事实上，工艺技术水平与国外企业有着很大的差距，尤其是尖端材料及设备都仍依赖进口。

工艺技术难以突破，国内企业受制于人

“造成与国际先进水平差距的原因很多。过去由于我国在开始规划发展集成电路产业上，布局不合理、不完整，特别是重生产加工环节的投资，而忽视了最重要的基础材料、装备与应用研究。目前，整个产业是中间加工环节强，前后两端弱，核心技术至今被 TOK、JSR、住友化学、信越化学等日本企业所垄断。”江苏博砚电子科技有限公司负责销售的经理李中强说。

光刻胶的主要技术指标有解析度、显影时间、异物数量、附着力、阻抗等。每一项技术指标都很重要，必须全部指标达到才能使用。因此，国外企业在配方、生产工艺技术等方面，对中国长期封锁。

事实上，我国是在缺乏经验、缺乏专业技术人才、缺失关键上游原材料的条件下，全靠自己摸索。近年来，尽管光刻胶研发有了一定突破，但国产光刻胶还是用不起来。目前，国外阻抗已达到15次方以上，而国内企业只能做到10次方，满足不了客户工艺要求和产品升级的要求，有的工艺虽达标了，但批次稳定性不好。

“10次方的光刻胶经过多次烘烤，由于达不到客户需求的防静电作用，不能应用到最新一代窄边框、全面屏等高端面板上。而国外做到15次方就有了很好的防静电作用。这还是我们的光刻胶材料、配方、生产工艺方面存在问题。”李中强说。

关键指标达不到要求，国内企业始终受制于人。就拿在国际上具有一定竞争实力的京东方来说，目前已建立17个面板显示生产基地，其中，有16个已经投产。但京东方用于高端面板的光刻胶，仍然由国外企业提供。

基础研究仍需发力，政府要重视鼓励应用牵引

能让显示屏幕绚丽多彩的光刻胶，仍是中国半导体产业之“痛”。该如何打破欧美及日本等国家和地区的封锁与垄断?

业内人士认为，按照现在“单打独斗”的研发路径，肯定不行。政府相关部门要加大产业政策的配套支持力度，应从加快完善整个产业链出发，定向梳理国内缺失的、产业依赖度高的关键核心电子化学品，要针对电子化学品开发难度高、检测设备要求高的特点，组织汇聚一些优势企业和专家，形成一个产业联盟，国家建立一个生产应用示范平台，集中力量突破一些关键技术。

江苏博砚电子科技有限公司董事长宗健表示，光刻胶要真正实现国产化，难度很大。最大问题是国内缺乏生产光刻胶所需的原材料，致使现开发的产品碳分散工艺不成熟、碳浆材料不配套。而作为生产光刻胶最重要的色浆，至今依赖日本。

前道工艺出了问题，保证不了科研与生产，光刻胶国产化就遥遥无期。因此，必须通过科研单位、生产企业的协同创新，尽快取得突破。

有专家提出，尽管国产光刻胶在高端面板一时用不起来，但政府还是要从政策上鼓励国内普通面板的生产企业尽快用起来。只有在应用过程中才能发现问题，解决问题，不断提升技术、工艺与产品水平，实现我国关键电子化学品材料的国产化，完善我国集成电路的产业链，满足国家和重点产业的需求。

光刻胶技术壁垒较高且其功能性和产品质量直接影响电子元器件、部件的功能和稳定性，一旦出现质量问题会给下游客户带来不可估量的严重损失，下游客户对光刻胶专用化学品供应商的选择非常谨慎，通常采用认证采购的模式，认证所需时间周期较长。加之下游光刻工艺更新换代快，光刻胶厂家需要与原料供应商进行密切的联合研发，研发过程技术保密非常严格，因此光刻胶专用化学品行业下游客户转换成本高，使得光刻胶行业上下游相互依存度高，但一旦合作关系相对稳定，将对新进入者形成较高的客户认证壁垒。

高压共轨不中用，国产柴油机很受伤

江东洲　刘　昊

发动机是汽车最重要的零件之一，犹如人的心脏。而电控柴油高压共轨系统则相当于柴油发动机的“心脏”和“大脑”，其品质的好坏，严重影响发动机的使用。在故障率这个指标上，国产共轨系统还难以达到国外先进产品的水平。

柴油机产业是推动一个国家经济增长、社会运行的重要装备基础。中国是全球柴油发动机的主要市场和生产国家，仅2017年，国内22家柴油机企业销售汽车用柴油机357.52万台，被广泛运用在工程车、农机和运输车辆上。

而在国内的电控柴油机高压共轨系统市场，德国、美国和日本等企业占据了绝大份额。

高压共轨系统是柴油机的“心脏”

包括柴油机在内的内燃机的发明，使人类的许多梦想得以实现：汽车、农用拖拉机、飞机、潜艇、坦克等，彻底改变了社会发展进程。

“电控柴油高压共轨系统是柴油机的燃料供给及喷射系统，同时也是实现柴油机电控功能的核心零部件，主要由高压油泵、喷油器、油轨、ECU、传感器、执行器等组成。”玉柴工程研究院副院长蒙小聪说。

至于高压共轨系统对于柴油机的重要性，蒙小聪认为：“如果说发动机相当于车辆的‘心脏’，那么电控柴油高压共轨系统则相当于柴油机的‘心脏’和‘大脑’。”

2014 年，为了控制和减少汽车排放污染物以及降低能源消耗，我国在全国范围内开始实施国四排放标准。为满足排放标准，车用柴油机基本上都采用了高压共轨系统。

蒙小聪说：“高压共轨系统的喷射压力产生和喷射过程分开，能够高质量、灵活地将柴油喷射至燃烧室，和空气进行充分混合，减少柴油机的震动、油耗和降低排放，改变了柴油机在人们心目中‘噪声大、冒黑烟’的形象。”

同一台柴油发动机，用上不同的高压共轨系统，效果会不一样。“柴油机如果共轨系统工作不理想，从轻的方面来讲，会造成发动机性能恶化、排放达不到标准，如果更严重的话，发动机直接就‘趴窝’了。”蒙小聪说。

性能、功能、质量都还存在差距

目前，世界上主要的高压共轨系统供应商是德国博世公司、德国大陆公司、美国德尔福公司、日本电装公司等几个公司。“在国内，国外企业占据了绝大份额，他们的优势是近乎垄断性的。”蒙小聪说。

“国内的企业不是不可以做，例如专业相机，中国也可以做，但是和日本相比，水平要差一些，要做到相同成本更难。”蒙小聪说。

实际上，早在20年前，国内一些高校、机构就已经开展高压共轨系统的研发，比如无锡油泵油嘴研究所。近些年，成都威特、辽阳新风、龙口龙泵、重庆重油、南岳电控等公司也都投入巨资上高压共轨项目，目前都已经实现批量生产。

“在故障率这个指标上，国产共轨系统还难以达到国外先进产品的水平。”蒙小聪认为，和国外先进公司的产品相比，国产高压共轨系统在性能、功能、质量及一致性上还存在一定的差距，成本上的优势也不明显。

比如油泵喷油压力，国外企业可以做到2500bar（公斤力）甚至更高，国产系统也有少部分做到这么高，但都没经市场验证，质量风险还很高。

蒙小聪说：“这和我们在基础材料、工艺和装备上的差距有关系，比如喷油嘴的针阀偶件，加工精度要求非常高，我们的精度达不到，喷油质量就很难上去。再比如控制喷油的电磁阀，国内还没有很成熟的产品。”

此外是技术壁垒，国外公司非常注重对知识产权的保护。“绝大多数的技术要点都已经有专利保护，我们很难绕开。”蒙小聪说。

正因为做不到那么高的质量，使用国外共轨系统的代价也是相当大的。

国内一些做非道路用柴油机的企业，本身没有电控技术能力储备，现在如果直接用国外企业的高压共轨系统，他们的要价非常之高。“做一个项目，开发费用有可能都是千万元级的，这些企业会相当吃力。”玉柴工程研究院燃油系统设计技术总师莫宗华说。

蒙小聪说：“同一类型的共轨系统，进口的要比国产的贵20%~30%，外资品牌还有较大的价格空间。”

要从点点滴滴的基础做起

中国汽车工业协会的数据显示，2017年，国内22家柴油机企业销售汽车用柴油机357.52万台，同比增长23.98%。

在巨大的市场面前，同样是做高压共轨系统，我们为什么会比人家差？

“这些都是由点点滴滴的东西累积而成的，国外企业的成功建立在深厚积累的基础上。”蒙小聪说了两个让他印象深刻的例子：一是生产线上的工人。“我去过国外一家生产高压共轨系统的世界500强企业，他们生产线上基本上都是老工人，熟练程度非常高，工作一丝不苟。也许这就是我们现在所提倡的‘工匠精神’。”二是研发投入。“比如开发一个ECU的软件系统，国外的企业会投入几百甚至上千人，花几年的时间，而国内企业连1/10的投入都不到。”

不过，在提高国产高压共轨系统竞争力的道路上，也逐渐有了好消息。

2016年12月，莫宗华参加了在南岳电控举行的国产电控高压共轨系统项目“一条龙”调研活动。该项目由中国工程院院士李骏担任组长，目的是充分整合材料、工艺、零部件、主机厂、整车厂等行业资源，成立产业化联盟，解决关键共性技术。

而2015年以来，包括潍柴、玉柴、锡柴在内的国内几家大的柴油发动机厂家，已经开始尝试使用国产共轨系统。

“当然，目前量产的发动机还很少，这只是一个补充或者说是备份。随着国产共轨系统在车用柴油发动机上的应用逐渐增多，我们相信，国产共轨系统的竞争力在今后一段时间内会有一个大改观。”莫宗华说。

2018年5月26日，腾讯董事会主席兼首席执行官马化腾在“未来论坛 × 深圳峰会”上发表演讲，认为中国在基础科学研究方面基础还相对薄弱，他呼吁政府、产学研等各方通力合作，投入更多资源去做基础科学研究。

“这同样适用于柴油机技术。”蒙小聪说。

燃油喷射装置可以看作发动机的心脏，发动机的好坏、燃油是否被作为燃料完全燃烧，和燃油是否能被很好地雾化、喷射时间、喷射量有着很大关系，而这很大一部分取决于燃油喷射装置。电控高压共轨是我们现在最常见的一种发动机燃油喷射装置，“电控”是指喷油喷射系统由柴油机ECU控制，ECU（俗称汽车电脑）对每个喷油器的喷油量、喷油时刻进行精确控制，能使柴油机的燃油经济性和动力性达到最佳的平衡。“高压”是指喷油系统压力比传统柴油机要高出 2 倍多，最高能达到 200 MPa。压力大，雾化好，燃烧充分，从而提高了动力性，最终达到省油的目的。“共轨”是通过公共油管同时供给各个喷油器，喷油量经过 ECU 的精确计算，同时向各个喷油器提供同样品质、同样压力的燃油，使柴油机运转更加平顺，从而优化柴油机综合性能。

为什么离不开舶来的透射式电镜

张佳星

冷冻电镜可以拍摄微观结构高清 3D“彩照”，是生命科学研究的利器，透射式电镜的生产能力是冷冻电镜制造能力的基础之一。目前世界上生产透射电镜的厂商只有 3 家，分别是日本电子、日立、FEI，国内没有一家企业生产透射式电镜。匹配冷冻电镜使用的工具都需要原装，零件坏了找不到人修理，只能等待零件邮寄到货后进行更换。对中国的冷冻电镜使用者来说，这样的体验可能还要持续不短的时间。

2018 年 5 月 29 日，清华大学生命科学院博士生张森森的蛋白样品 9 时准时在液氮环境下进入冷冻电镜。等埃（10–10）级精度的蛋白质“高清 3D 彩照”出炉后，研究人员可以“直视”单个蛋白质的分子结构，并解出生命运转机理。

其间，冷冻电镜中的电子枪将持续发射电子，每次看一个小单元。为了解释这个“小单元”，张森森示意了一个“镊子尖”大小的小金片，“金片上约有 200 个左右的均匀小孔，每个小孔中再分 150 个小孔，电子束一次只‘看’其中一个小孔。”金片类似蛋白质的“载玻片”，与光学显微镜不同的是，载玻片透光，小金片要透电子，容许电子束透过样品时受到散射。散射信号被捕捉记录下来，计算后可呈现分子结构。

透射式电镜的生产能力是冷冻电镜制造能力的基础之一。“国内没有一家企业生产透射式电镜。”赛默飞公司技术支持陈宝庆说得不假思索，他毕业于北京大学地球物理专业，对行业非常了解，他介绍，“之前还有几个企业制造，比如原江南光学仪器厂，现在就不造了。”

能做到单电子束控制的灯丝只有进口

“理论上说，只要施加足够强的电场，电子就会从材料中‘游’出来。”陈宝庆说，但“游”的状态与可以使用的电子状态相去甚远。

什么样的电子才能为蛋白质拍摄高清 3D 彩照呢？东南大学材料科学与工程学院万克树教授描述了理想的状态：速度完全一样的电子，从“源头”的一个点上非常多地发射出来。

“这些要求是相互矛盾的。”万克树解释，电子从材料表面溢出，要发射电子多，面积就要大，但是面积大了就难以满足一致性要求。

如果把电子枪想象成一把枪，它必须以“狙击”的精度完成机枪的扫射，“子弹”的角度、速度完全一致。

“电子的能量要做到高度一致，虽还达不到激光的程度，但也必须是很窄的分布。”陈宝庆解释，电子“子弹”的一致性是提高图像分辨率的前提。

为此，电子枪的核心构造其实是一根极细的“陀螺针”，形似陀螺，尖端却比针还细。电子从尖端出发，在真空的环境下，前去与大分子“相撞”，进而反映出分子构象。

“之前的技术路线是通过加热让电子枪发射电子，发射源（俗称‘灯

丝'）用钨丝或六硼化镧，需要 2500℃左右，高温促使电子发射，但也使电子异常活跃、难以控制，因此热发射电子枪的电镜精度低。"万克树说。

"场发射是通过高压电场，把电子从'灯丝'里拉出来，室温下可完成。"万克树说，"所用灯丝国内没有生产，全部依赖进口，每根上万美元左右。"

他提到的常温场发射枪（肖特基电子枪）是将氧化锆沉积在单晶钨的晶体的特定面上。FEI 公司后来在电子枪生产上又有了新的突破，将热和场结合起来，稳定性进一步提升。在清华大学冷冻电镜实验室的仪器介绍中可以看到，一台 2013 年购买、2015 年到货的最新型号电镜在电子枪一栏标明"X-FEG"，有中文翻译为超稳定高亮度电子枪。"所用灯丝在材质上与之前的一致，工艺不同能够使亮度更强。"陈宝庆介绍。

上了邮票的科研成就被中断

场发射的另一个关键部分是牵拉出电子的外加电场，电场电压高达

300 千伏。“在这样的高压下保持电压稳定，才能‘拉’出稳定一致的电子，专业上称为‘单色性好’。”万克树说。

据题为《中国透射式电子显微镜发展的历程》的文章记载，1963 年，我国就开始了高压 100kV 电子枪稳定因素探讨的实验，1965 年完成样机，中国自主研制透射式电镜于 1979 年达到当时的国际先进水平，还专门为国产的电子显微镜发行过纪念邮票。

该领域的研发却由于种种原因一度中断。“直到几年前，中国也试图重启这方面的公司，也曾立项想要完成场发射透射电镜的自主研发。”陈宝庆回忆，曾经有相关的科研人员，辗转找到他询问，为什么 FEI 公司没有相关专利。

“他们想到的捷径之一是把生产厂商的专利拿来参考，但是其中很多生产工艺是秘方级别的，根本不会外传。”陈宝庆说。

从“看人影”到“辨雀斑”，研发没使上劲

“如今，中国只有一家企业生产扫描电镜，透射电镜完全不生产了。”陈宝庆说，德国蔡司公司也停止了透射电镜的生产，目前世界上生产透射电镜的厂商只有 3 家，分别是日本电子、日立、FEI（2016 年被赛默飞公司以 42 亿美元收购。）

没有市场是设备巨头纷纷放弃透射电镜的原因。“透射电镜之前的清晰度，使得冷冻电镜在科学研发上基本没有实际作用。”陈宝庆说。可以理解为，以前只能看清楚个人影，现在却能辨认清楚脸上的雀斑。

除了电子枪的原理变化，冷冻电镜上其他的技术精进，例如三维重建算法的实现、样品制作机器人的研发成功等，使得冷冻电镜分辨率大规模提升，成为生命科学研究的利器。

在冷冻电镜从“看人影”到“辨雀斑”的发展历程中，中国没有使上劲。在冷冻电镜实验室中，从耗材到配件都必须进口。“加样台 10 万元一个、小金片 50 元一个、外托 150 元一个……”张森森说，所有匹配冷冻电镜使用的工具都需要原装，根本不存在“山寨版”。零件坏了找不到人修理，只能等待零件邮寄到货后进行更换。对中国的冷冻电镜使用者来说，这样的体验可能还要持续不短的时间。

2013 年以来，冷冻电镜技术促成了结构生物学领域的突飞猛进。传统 X 射线、传统晶体学长期无法解决许多重要大型复合体及膜蛋白的原子分辨率结构，而冷冻电镜不需要结晶且需要样品量极少，即可迅速解析大型蛋白复合体原子分辨率三维结构。

冷冻电镜在电镜部分的实质是透射电子显微镜，由电子枪发射出来的电子束，在真空通道中沿着镜体光轴穿越聚光镜，通过聚光镜将之会聚成一束尖细、明亮而又均匀的光斑，照射在样品室内的样品上。

电子与样品中的原子碰撞而改变方向，从而产生立体角散射。散射角的大小与样品的密度、厚度相关，因此可以形成明暗不同的影像。透过样品后的电子束携带有样品内部的结构信息，样品内致密处透过的电子量少，稀疏处透过的电子量多，影像将在放大、聚焦后在成像器件（如荧光屏、胶片、以及感光耦合组件）上显示出来。

由于电子的德布罗意波长非常短，透射电子显微镜的分辨率比光学显微镜高的很多，可以达到 0.1~0.2nm，放大倍数为几万至百万倍。因此，使用透射电子显微镜可以用于观察样品的精细结构，甚至可以用于观察仅仅一列原子的结构，比光学显微镜所能够观察到的最小的结构小数万倍。透射电镜在中和物理学和生物学相关的许多科学领域都是重要的分析方法，如癌症研究、病毒学、材料科学以及纳米技术、半导体研究等。

自家的掘进机却不得不用别人家的主轴承

矫 阳

主轴承，有全断面隧道掘进机（简称掘进机）的“心脏”之称，承担着掘进机运转过程的主要载荷，是刀盘驱动系统的关键部件，工作所处状况十分恶劣。我国掘进机制造历史仅十余年，所有数据都非常匮乏，设计计算只能输入估算的载荷，如此设计的轴承难以匹配实际的工况。就整机制造能力而言，国产掘进机已接近世界最先进水平，但最关键的主轴承全部依赖进口。

掘进机采用液压、机械和电气等诸多领域的高科技成果，运用计算机自动控制、工厂化作业、在线实时监测与导向，是集掘进、出渣、运输、支护于一体的成套设备，长度由几十米到200多米，总重量可达几百吨至5000多吨，是当前地下空间施工最先进的装备。每台价值从数千万元至两三亿元不等。

“就整机制造能力而言，国产掘进机已接近世界最先进水平，但最关键的主轴承全部依赖进口。”中国铁建重工集团中央研究总院梅勇兵博士介绍说。

承受巨大载荷和强烈温升

掘进机主轴承工作环境非常恶劣，要承受高速旋转、巨大载荷和强烈温升。

“掘进机工作的地质具有未知和突变的特点，加上刀盘滚刀破岩时的突变载荷，使得主轴承必须承受住持续、突变和各个方向的载荷。”洛阳轴承研究所有限公司李云峰博士说。

以直径 15 米掘进机为例，整机重 4500 吨，主轴承所在主机重 2800 吨，轴承连接的前部刀盘就达 520 吨；掘进机动力来自 28 组千斤顶，最大推力达 22500 吨，掘进速度最大每分钟 5 厘米。“要传送这样大的推力，掘进机需配备 7 米大直径的主轴承，滚动体沿圆周滚动的线速度为 220 米 / 分钟。”李云峰说。

在地下密闭的工作空间，主轴承还因长时间连续工作产生摩擦热，温度从 20 摄氏度最高升至 120 摄氏度。

“巨大载荷和强烈的温升，不仅极大地降低了轴承材料的刚度，也使其强度大幅退化。”李云峰认为，这种工况，对掘进机主轴承的可靠性指标要求十分严苛。

因技术含量高，单个主轴承成本约占掘进机的 1/20 左右，是掘进机所有零件中最值钱的。

“在既定施工段，若掘进机主轴承出现故障，进行现场维修或更换极为困难，甚至不可行。”梅勇兵说，这要求主轴承不能出任何故障，掘进机制造商宁愿出高价，选择配置高可靠性的国外知名品牌主轴承。

据介绍，我国掘进机年生产规模约为450台，仅进口轴承一项即达近10亿元。

尺寸巨大，结构最复杂

与直径仅有几百毫米的传统滚动轴承相比，掘进机主轴承直径一般为几米，是结构最复杂的一种轴承，制造需要上百道工序，主要由套圈、滚子和保持架3部分组成。

“掘进机主轴承尺寸庞大，在安装方式上迥异于传统滚动轴承，必须采用螺栓与主机连接的方式，这样就需要安装孔。”李云峰说，安装传统应用领域的轴承，一般采用通过内、外圈与主机部件配合的方式，孔的数量通常是个位数。

以直径6.34米掘进机配套主轴承为例，其直径3米，有20个安装孔、40个注油孔、20个连接孔和10个定位孔，整套轴承零件总数达到600多个。

“这么多的孔，使设计和加工过程如经雷区，务必时刻保持高度小心，避免相互干涉。”李云峰说，如果因设计人员有一丁点疏忽，在安装孔的位置圆周基准上出现丝毫错误，依图加工后都会造成大量废品。

除规模庞大的孔外，因尺寸原因，掘进机主轴承的截面与节圆的直径比，远小于传统滚动轴承。“掘进机主轴承套圈属于薄壁环构件，在重载条件下，难以避免套圈的结构变形，这些都增加了其力学响应的复杂性。”李云峰说。

国外现代掘进机实践已近百年，除原材料的强度远超国产外，在设计和工艺上更具超强的实力。“无论是主轴承工作载荷的确切理论数据，还是工程实测数据，都非常完善，为其设计和建模提供了真实而丰富的

依据。”李云峰说。

当前，世界上能研制掘进机主轴承的企业仅4家，分别是德国的罗特艾德、IMO、FAG和瑞典的SKF，其中，罗特艾德占有全球全断面隧道掘进机领域绝大部分市场份额。

据悉，罗特艾德公司制造的主轴承技术和工艺水平最高，其生产的主轴承直径已突破7米多，装配于多台14米直径的掘进机，掘进隧道长度累计已超过50公里。

随着隧道建造技术的发展，隧洞设计的里程和直径也越来越大，往往要求单个主轴承的设计寿命达20公里以上，轴承直径6米以上，从而进一步加大了掘进机主轴承的技术研发难题。“直径若超过8米，轴承结构就需要分块设计了。”李云峰说。

掌握直径3米核心技术

除受材料因素制约外，在设计和工艺上，国产掘进机主轴承与国外产品也存在很大差距。

“国内现有的滚动轴承理论是基于刚性套圈假设，不适于分析掘进机主轴承的内部受力状况。”洛阳轴承研究所有限公司董事长王景华说，我国掘进机制造历史仅十余年，数据非常匮乏，设计计算只能输入估算的载荷，如此设计的轴承难以匹配实际的工况。

王景华还介绍说，国外知名轴承企业更注重轴承与主机结构的匹配，在设计时，将轴承视为主机的组成部分，二者协同进行。

反观国内，轴承与主机的设计则“各自为政”，相互独立。“相互不熟悉，主轴承根本无法响应主机环境的力学行为。”李云峰说，要适应主机环境的力学行为，需要十分复杂的动力学模型、工程数据和数值计算平台，国外轴承设计的合理性，是通过大量实验验证的，并积累了大量工程数据，我国在这些方面几乎全是空白。

说到掘进机主轴承的制造工艺，李云峰罗列出包括机加工工艺、热处理工艺和焊接工艺等因素。“国外的热处理工艺已发展到无软带表面淬火，而国内还没有这样的工艺。”李云峰说，经无软带表面淬火处理，主轴承的滚道表面会全部硬化。如此，因重载造成的软带区域塑形、变形和过早疲劳剥落等故障隐患，都将彻底消除。

掘进机主轴承国产化曙光正在初现。

“我们已开始与国产掘进机领军企业——铁建重工紧密合作，率先开展了掘进机主轴承的研究工作。”王景华透露，作为国内唯一的滚动轴承综合性研究机构，覆盖基础及应用研究，拥有盾构及掘进技术（轴承）国家重点实验室，洛阳轴承研究所正加速实现技术研发步伐，目前已掌握直径 3 米的主轴承核心技术，实验寿命等同国外同类产品。

轴承是当代机械设备中一种重要零部件，它的主要功能是支撑机械旋转体，降低其运动过程中的摩擦系数，并保证其回转精度。

轴承按机械设备所需大致分以下几类：

滑动轴承。滑动轴承不分内外圈也没有滚动体，一般是由耐磨材料制成，常用于低速、轻载及加注润滑油及维护困难的机械转动部位。

关节轴承。关节轴承滑动接触表面为球面，主要适用于摆动运动、倾斜运动和旋转运动。

滚动轴承。滚动轴承按其所能承受的载荷方向或公称接触角的不同分为向心轴承和推力轴承。

深沟球轴承。深沟球轴承是最具代表性的滚动轴承。与尺寸相同的其他类型轴承相比，该类轴承摩擦系数小，极限转速高，结构简单，制造成本低，精度高，无须经常维护，而且尺寸范围大、形式多，是应用最广的一类轴承。它主要承受径向载荷，也可承受一定的轴向载荷。当其仅承受径向载荷时，接触角为零。

还有角接触球轴承、调心球轴承、推力球轴承、双向推力角接触球轴承以及调心滚子轴承等。

由于材料、工艺、机床、数据积累等原因，当前我国轴承行业主要面临三大突出问题，分别是：行业生产集中度低、研发和创新能力低、制造技术水平低。

据前瞻产业研究院预测，到2023年，我国轴承行业市场规模有望达到3063亿元。

微球，民族工业不能承受之轻

高 博

这种球，直径是头发粗细的1/30。少了它，你正盯着的液晶屏幕将无法生产。没有微球，食品安全检测、疾病诊断、环境监测……许多行业都会陷入窘境。

微球，现代工业的基础材料，被国外企业垄断。仅微电子领域，中国每年就要进口价值几百亿元人民币的微球。

液晶屏的骨头，芯片的脚

“2017年中国大陆的液晶面板出货量达到全球的33%，产业规模约千亿美元，位居全球第一。但这面板中的关键材料——间隔物微球，以及导电金球，全世界只有日本一两家公司可以提供。这些材料也像芯片一样，被人卡住了脖子。”国家“千人计划”专家、苏州纳微科技公司董事长江必旺博士说。

手机屏幕里，每平方毫米要用一百个微球。“间隔物微球撑起了两块玻璃面板，相当于骨架。在两块玻璃面板的缝隙里，再灌进液晶。”江必旺说。

“微球决定液晶屏的厚度和均匀性，因此所有球要大小一样。微球还得足够强韧、光滑，不含一点金属杂质。”江必旺说，否则会影响显示质量。

除此以外，还有一种“光扩散微球”，大量涂抹在光扩散膜，用于液晶背光模组。

微球另一个重要的用途，是芯片的引脚。电路常用焊锡连接，但现在的芯片太小，引脚小到看不清，导电金球就替代了焊锡。

几微米直径的微球，混在绝缘胶里，构成“各向异性导电膜”。这层膜贴在芯片和主板之间，需要接脚的地方给予压力，小小金球就会在两者之间导电，这是现在微电子业标准的办法。中国从日本进口导电胶膜每年要花费上百亿元人民币。

微球太小，筛分困难

江必旺说，无论是间隔物微球，还是导电金球，粒径要非常精确和均匀。

微球的材料是塑料或二氧化硅。制作微球，第一步，在反应液里，塑料或者硅烷变成液球，并且固化。“就好像油快速搅拌在水里，会分散成小球一样。”江必旺说。

用这种方法做出的微球有大有小，需要精密筛分。“用一般的筛子是做不到的，因为微球每隔 0.2 微米是一个规格。2 微米和 2.2 微米的两种球，要分开是极其困难的。世界上只有日本的公司可以筛分这种微球，周期长达 6 个月。”江必旺说。

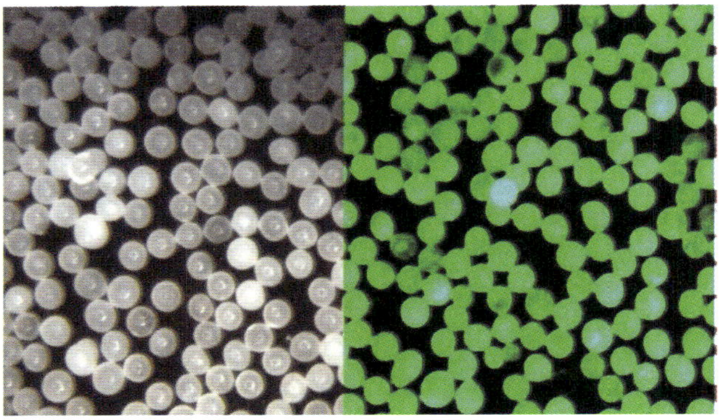

筛分工艺是行业秘密，大概原理是利用大小球的浮力不同，下沉有快有慢，在液体中分离。

生产导电金球，还得多几道工序：表面处理后，镀上一层金或者镍。100 纳米厚的这层金属，必须薄厚均匀，球和球互不粘连。普通镀金工艺是行不通的。

由于技术门槛极高，导电金球生产被日本的积水公司垄断。

没有微球就造不出生物药

江必旺博士经过十多年研发，绕过“筛分法”，发明“种子法”，打破了日本的技术垄断，将让下游产业极大受益。

种子法是让几纳米大的塑料或者二氧化硅充当种子，在适当的化学环境下慢慢长成微球。长出来的微球个头一样大，不需要筛分。生产周期只有 6 天。

没有微球，食品安全检测、疾病诊断、环境监测……许多行业都会陷入窘境。制药厂尤其离不开微球。江必旺说，用于提取生物药的微球，表面有很多孔道，可以吸附特定大小的分子。

“一克微球的表面积，相当于一个足球场，如果微球表面有一些特殊基团，就可以选择性吸附药物有效成分。”江必旺说，全世界的生物制药都必须使用微球做色谱填料。

这类微球不仅需要控制大小、均匀性，还需要控制孔道结构，难度很大，过去只有欧美几家公司能生产，现在苏州纳微也已经可以量产。

国产原材料不纯影响微球性能

尝试生产微球的江必旺，遇到了想象不到的困难。

“在开发液晶间隔物微球材料时，首先就遇到国内基础原料质量差的问题。”江必旺说，“苯乙烯是通用的化工单体，国内产能位居世界首位。但国产苯乙烯和二乙烯基苯杂质含量高，尤其是萘含量高，用其生产出来的间隔物微球机械强度低、变形大，不能满足控制液晶显示的要求。”最终，纳微公司只得选用国外的原料。

“另外，生产高性能微球需要用不锈钢反应釜。经多次试验，发现用国产反应釜生产的微球，铁含量超标；我们花了一年的时间，尝试了很多家的国产反应釜，都是一样的问题。而用进口的，铁含量就达标。”江必旺说。

“虽然纳微开发了比日本先进的微球制造技术，但由于国产的原料质量及不锈钢性能问题，浪费了大量时间和精力。”江必旺说，“从这个案例可以看到，中国做关键材料和关键部件的难度有多大。”

生化领域离不开一类关键材料——色谱填料，它广泛地用于生物医药、食品安全、环境监测、材料、石油化工等领域。

1903年，俄国植物学家茨维特研究植物叶片的组成时，用白垩作吸附剂，分离植物绿叶的石油醚萃取物，得到黄色、绿色和灰黄色彼此分离的六个色带，茨维特称之为“色谱”(Chromatographie)。

色谱析分物质，是因为不同物质在流动态–固定态结合的体系中运动状态不一样。之后这一方法无人问津，直到1931年德国人用氧化铝和碳酸钙分离了α、β、γ胡萝卜素，色谱技术才迎来春天。如今没有色谱分离技术，从胰岛素到抗生素的生物药就无法生产。

百年来，色谱填料经历了纤维素到葡聚糖凝胶到硅胶的不断变化。硅胶是如今的主流填料（高分子聚合物如聚苯乙烯是下一个方向）。现在，色谱填料是微米级的微球组成的，微球拥有纳米尺度的孔道结构，表面积极大，还有特殊表面功能基团，因此能选择性吸附和分离分子。越小的微球，越能快速高效地捕获猎物。高端色谱填料微球制备特别难，中国长期依赖进口。

好的微球，粒度均一、表面积大、机械强度高、耐溶性好。如果高性能微球廉价化，生物医药行业就能迎来又一次飞跃。因为各种生物药的纯度和成本很大程度上取决于色谱芯。

海底观测网傍人篱壁

陈 瑜

除了船舶、遥感卫星，海底观测网已成为第三种海洋观测平台——通过它，人类可以深入水下观测和认识海洋。遗憾的是，无论是国家海底长期科学观测网，还是短期实验观测网，目前我国水下连接器市场基本被外国垄断。

如果将各类缆系观测平台比作胳膊、腿，水下连接器就好比关节，对海底观测网系统的建设、运行和维护有着不可替代的作用。

目前，北美、西欧和日本等十余个国家已拥有海底观测网。2017 年 3 月，我国最大规模的国家海底科学观测网正式被批复建立，项目总投资超 20 亿元，建设周期 5 年。该网将在我国东海和南海分别建立海底观测子系统，实现东海和南海从海底向海面的全天候、实时和高分辨率的多界面立体综合观测，服务于科学前沿研究，并兼顾海洋环境监测、灾害预警、国防安全与国家权益等方面的需求。

遗憾的是，无论是国家海底长期科学观测网，还是短期实验观测网，目前我国水下连接器市场基本被外国垄断。

体积约为 2 个易拉罐，最高售价 80 万元

水下连接器分为干插拔连接器和湿插拔连接器。

江苏中天科技股份有限公司杨华勇博士介绍说，干插拔连接器在陆地上完成插拔操作，然后放入水下使用，我国已基本掌握该项技术。湿插拔连接器难度更高，过程好比充电插头与手机在水下完成插合，充电完毕后直接在水中拔下插头，目前仍没有可用的国内产品。

“湿插拔连接器为实现海底观测网与海底电缆之间的可靠连接，以及观测信息网络系统的设备扩展与重组提供了解决方案。”国家海洋技术中心研究员罗续业说，经过几十年发展，目前已经形成不同电压等级的系列湿插拔电连接器和不同芯数的系列湿插拔光纤连接器，甚至湿插拔光电复合连接器。

从外观上看，湿插拔连接器与两个易拉罐的大小相当。

“根据布放海域的水深、电压的大小，以及多芯还是单芯，价格差别很大，最贵的售价约 80 万元，最便宜的也要 20 万元。”杨华勇说。

更重要的是，实验观测网要使用多个湿插拔连接器，并且连接器插拔次数寿命有限。

水下插合要满足动态密封要求

有些规模大的观测网在海底绵延数千公里，供电电压达 1 万伏甚至更高。

观测网的电源被“装”进一个叫接驳盒的“房子”里。在主干光电复合缆与主接驳盒的电能、通信传输，以及次接驳盒与传感器的电能及通信传输中，都要通过湿插拔连接器这道“关卡”。

湿插拔连接器其实是一对公头和母头，母头被固定。

“好比注射器，如果活塞与管壁结合严密，推动活塞可以将注射器内的液体全部排干净。”杨华勇说，湿插拔连接器不仅要满足应用时插合状态的密封要求，还要满足动态密封要求——在插针未插入时闭合密封，插针插入和插合到位过程中也要保持密封。

但其工作环境往往在几千米的水下，巨大的压力下“活塞”与“管壁”难免变形。

水下压力也让内部空腔与外表面形成巨大压差，连接器很难被拔开。

“我们将内部腔体充满液体，并通过弹性皮囊与外部海水接触，海水压力增加时，通过皮囊挤压腔体内部的液体，从而保证腔体内外压力平衡。”在杨华勇看来，压力平衡技术为大深度水下插拔提供了解决方案，也给制造工艺和材料提出了更高要求。

连接器与配接缆间的连接和密封，与连接器的机械强度、耐水压性能和信号传输性能直接相关。但水中插拔通常由水下机器人（ROV）完成，这对连接器机械强度和结构设计提出了高要求。

罗续业介绍说，历经几十年发展，这项技术才在欧美国家逐渐成熟。目前在建的海底观测网系统使用的产品几乎都来自美国 Teledyne ODI，德国公司的产品在海上油气开采方面拥有较大份额。

我国尚处于实验样机阶段

“十二五”期间，在国家“863”计划支持下，湿插拔连接器被正式列为水下组网项目的子课题。虽然科研经费量不大，但也意味着我国湿插拔连接器技术研究正式起步。

在罗续业看来，这是因为随着海上石油、天然气开采和海底观测网建设，原来“小众”的湿插拔连接器有了更多舞台，一旦研发成功，将拓展水下设备、仪器的使用范围，极大推动海洋立体观测网自主技术开发。

由于起步晚，很多专家表示，在湿插拔连接器领域我国与国外差距明显。前几年，一台原理样机在实验中被“击穿”而丧失“武功”，并没有在实际中应用。

“曾有国内油企明确和我说，你们不要研制湿插拔连接器，研制出来我们也不敢用、不会用。”杨华勇理解，一旦连接器出现问题，油企将遭受巨大的经济损失。“近几年我们开始自筹资金在‘啃难啃的骨头’。因为一旦该连接器成为禁运品，整个海底观测网的建设和运行将被迫中断。”

很多专家也表达了类似的观点：海底观测网事关国家安全，必须得到国家的高度重视。

最新消息是，最近国家已组织专家对水下湿插拔开展技术论证。

“目前我们基本掌握了原理，后续还要依靠市场和工业化手段来解决基础材料、高精度加工工艺和深海应用试验等问题。”杨华勇建议，湿插拔技术研究一定不能为了研究而研究，务必要按照产业化的理念来布局技术攻关，尽可能加速研发和产业化进程。

2017 年 3 月，我国最大规模的国家海底长期科学观测网正式被批复建立，项目总投资超 20 亿元。除了服务于科学前沿研究，该网还兼顾海洋环境监测、灾害预警、国防安全与国家权益等方面的需求，海底观测网建设事关国家安全。

在观测网系统中，有些关键部件如用于深海水下接驳的湿插拔光电复合连接器，国内没有替代产品，必须依赖进口，虽然只是一个部件，但没有它，深远海观测设备的能源缺乏持续供给，观测网很难运行。一旦该部件成为禁运品，整个海底观测网的建设和运行将被迫中断。

对短期实验观测网来说，这样的尴尬同样存在。

连接器可以分为陆上连接器和水下连接器。水下连接器分为干插拔连接器和湿插拔连接器。水下插拔器中，湿插拔连接器难度更高，过程好比充电插头与手机在水下完成插合，充电完毕后直接在水中拔下插头。

因为技术难度高，历经几十年发展，湿插拔连接器技术才在欧美国家逐渐成熟。目前在建的海底观测网系统使用的产品几乎都来自美国 Teledyne ODI，德国公司的产品在海上油气开采方面拥有较大份额。随着海上石油、天然气开采和海底观测网建设，原来“小众”的湿插拔连接器将拥有更大舞台。现阶段我国还只基本掌握原理，后续还要依靠市场和工业化手段来解决基础材料、高精度加工工艺和深海应用试验等问题，形成真正的产品。

燃料电池商业化难成文章

张盖伦

我国车用燃料电池几乎无部件生产商，无车用电堆生产公司，只有极少量商业运行燃料电池车。国内零部件、氢基础设施以及标准规范还不健全，需要强链、补链，带动新材料、新能源、汽车高端装备制造成长，才能促进燃料电池商业化提速。

国务院总理李克强在日本丰田汽车北海道工厂参观考察了氢燃料电池车，这一举动，被解读为对氢燃料电池车产业释放出利好信号。

一个有些尴尬的现实是，国外的燃料电池车已实现量产，但我国车用燃料电池还处在技术验证阶段。南方科技大学机械与能源工程系教授王海江指出，我国车用燃料电池的现状是——几乎无部件生产商，无车用电堆生产公司，只有极少量商业运行燃料电池车。

燃料电池是"一支队伍"

一般来说，单节燃料电池的电压偏低、电流偏大，在实际应用中需要由多节燃料电池串联形成电堆，以提升输出电压。

氢燃料电池的动力来源是氢气和氧气，两者会在燃料电池中开始它们的“奇幻”旅程：氢在阳极催化作用下氧化，生成质子和电子；电子经外电路做功，到达阴极；而质子通过质子交换膜从电池内部传输到阴极，质子与电子在阴极汇合并在催化作用下与氧反应生成水。

看起来似乎只是初中化学知识。但实际上，燃料电池的运作，是一个系统工程。

燃料电池不像普通蓄电池，反而更像发电机——把燃料和氧化剂“喝”进去，将电发出来。所以，除了电堆，燃料电池还有燃料供应子系统、氧化剂供应子系统、水热管理子系统以及热管理和控制系统……总之，人家是团队作战。

“燃料电池车是新能源车的一种，它是未来的发展方向之一。”中科院大连化物所燃料电池研究部部长邵志刚介绍说，2014年年底，日本丰田公司宣布实现燃料电池车的商业化，而在我国，一切尚处于起步阶段。

关键材料还缺批量生产线

车用燃料电池，一般为质子交换膜燃料电池。

它有两大关键部件，一个叫膜电极组件，一个叫双极板。前者其实是由“三兄弟”构成：质子交换膜、催化层和气体扩散层。

质子交换膜的主要功能是传输质子、分隔反应气体以及电子绝缘。它负责“把门”，把质子放过去，把电子拦下来；催化层主要搭载的是催化剂，催化剂可以促进氢、氧在电极上的氧化还原过程并产生电流；气体扩散层则由基底层和微孔层组成，它要求具有高导电性、导热性和疏水性。

这些关键材料，决定着燃料电池的寿命和性能。

“巧妇难为无米之炊。我们的关键材料长期依赖国外，一旦国外禁售，我国的燃料电池产业便没有了材料基础支撑。”清华大学氢燃料电池实验室主任王诚说。

其实，这些材料我国并非完全没有，有些实验室成果甚至已达到国际水平。但是，没有批量生产线，燃料电池产业链依然梗阻。特别是在气体扩散层量产技术方面，我国还是空白。“这是因为气体扩散层的石墨化工序需要经过2000摄氏度以上的高温才能制备，但关键设备高温炉技术还掌握在国外手中。”王诚解释。

要实现材料的批量生产，就得解决一致性和成本控制问题。它和实验室制备的难度不可同日而语。以催化剂为例，王诚介绍，目前商用的燃料电池催化剂仍是铂基催化剂，实验室制备水平一般为毫克级，量产技术需公斤级水平。批量生产要突破三项关键技术：一是反应条件的均一，确保批次稳定性；二是铂颗粒纳米尺寸控制，确保催化活性比表面积；三是提升碳载体的稳定性，达到车用工况下的使用寿命。

将实验室成果进行工业化放大是一项关键技术，需要企业介入。“长期以来，我国燃料电池的研发主要由高校和科研院所进行。企业持观望态度，参与得少，加入得晚。”邵志刚所在的大连化物所从 1994 年就开始开展车用燃料电池研究。但基础研究和应用之间的断裂，使得关键材料的工业化成为一道坎。

要商业化，还得强链、补链

王海江此番回国，就是想带着在燃料电池领域深耕多年的经验，和团队在深圳建成燃料电池产业链。

先有了南科燃料电池有限公司，主要做电堆关键部分生产、电堆集成和测试。但如果电堆原材料均需从国外进口，成本太高。于是，团队又成立了一家公司，主攻气体扩散层、质子交换膜和催化剂三种关键材料的国产化。“到时，燃料电池的成本能下降三分之一。”王海江说。

目前，我国电堆及产业链企业数量逐渐增长。“纯电动汽车近几年有很大进步，为燃料电池的应用创造了非常好的条件。”王诚表示，“此时，我们就更需要聚焦燃料电池内核创新。”

要打破发达国家的长期技术垄断，就得加大对燃料电池核心材料产业化的投入。许多专家指出，燃料电池产业链“非常长”，涉及氢能系统、燃料电池发电系统以及汽车等终端产品。“国内零部件、氢基础设施以及标准规范还不健全，需要强链、补链，带动新材料、新能源、汽车高端装备制造成长，才能促进燃料电池商业化提速。”王诚强调。

提到新能源车，大家的第一反应就是电动车或者混合动力车，但实际上，氢能源燃料电池车也是其中一种。只是因为种种原因，它还在“飞入寻常百姓家”的路上。

在国外，燃料电池车刚刚开始产业化，其标志是日本丰田公司于2014年宣布实现燃料电池车的商业化。而在国内，一切尚处于起步阶段。

现在，欧、美、日、韩均有量产型燃料电池汽车，如日本丰田Mirai、本田Clarity及现代途胜。到本文发稿为止，全球一共有7500余辆燃料电池汽车，日本丰田Mirai占6000辆左右。

如果将燃料电池的成熟度分为TRL 9级，目前国际上先进的燃料电池电堆基本达到TRL9水平，也就是说，已经过了技术关，接下来要解决的是成本和服务设施问题。国内燃料电池市场政策利好，在商业利益的驱使下，国内燃料电池产业链下游企业会直接引进国外电堆和技术，组装燃料电池汽车并开展示范应用。但进口国外电堆导致燃料电池车成本高昂。如果成本不下降，就无法实现规模化。所以，要把产业做实，就得让企业往产业链上游去走，攻克关键材料关。

要扭转我国燃料电池产业缺心少魂的被动局面，就需要加大对燃料电池核心材料产业化的投入，从而打破发达国家对我们的长期技术垄断，提高燃料电池的核心竞争力。“纯电动汽车最近几年有非常大的进步，它的电机、传送系统、管制系统已经完成熟，为燃料电池应用创造了非常好的环境。现在需要聚焦的，是燃料电池内核创新，如关键材料量产技术、自增湿技术、‘电压平台’技术、低成本技术等方面。”受访专家这样表示。

机器人水下作业有心无力

叶 青 龙跃梅

目前我国水下机器人焊接领域普遍使用陆上通用型（常压环境）弧焊电源，或在此基础上进行结构微调，对水下专用焊接电源的研究非常少，缺乏高性能的水下焊接电源，严重制约了水下机器人焊接质量的提升。

我国是海洋大国，拥有 300 多万平方公里海域，正在大力发展高端海洋资源开发和海洋维权装备。海里的设备一旦出现开裂等故障，需要用有工业制造“缝纫机”之称的焊接装备修补。

深海焊接的实现靠水下机器人，而我国水下机器人焊接技术一直难以提升，原因是高端焊接电源技术受制于人。

水下焊接电源是关键

“埋在深海里的油管有可能因船只冲撞，或者核电站乏燃料池因地震等原因，引起开裂、破口等事故，需要立刻焊接维修，这时就得靠水下机器人出马，进行水下焊接。”华南理工大学机械与汽车工程学院王振民教授介绍，“水下焊接工艺质量优劣直接影响到大型装备的服役性能。”

水下机器人，顾名思义是能在不同水深中进行多种作业的机器人。海洋岛礁建造、海上油气田、水坝建设、大型船舰修复、核泄漏事故应急水下修补、军事海防工程等，它都能应付自如。“人不敢去的地方它都敢去。”王振民说。

水下机器人焊接质量的好坏，受制于多种技术，其中最为关键的是焊接电源。“焊接电源为焊接电弧提供能量，焊接时电弧稳定燃烧是基本要求。”王振民说。

水火不相容，偏偏水下焊接就是要在水中通过“火”来完成的。由于焊接区域周边一直处于水的强冷状态，待焊接工件的表面也有水，在焊接电弧的引弧和燃弧过程中，电弧易熄灭，熔化金属难以流动扩展，严重影响水下焊接时的电弧稳定性。王振民表示，电弧稳定性主要取决于焊接电源的电特性及其动态调控能力。

然而，目前我国水下机器人焊接领域普遍使用陆上通用型（常压环境）弧焊电源，或在此基础上进行结构微调，对水下专用焊接电源的研

究非常少，缺乏高性能的水下焊接电源，严重制约了水下机器人焊接质量的提升。

高端焊接电源基本被国外垄断

虽然我国是全球最大焊接电源制造基地，年产能已超1000万台套，但高端焊接电源基本上仍被国外垄断。“国外焊接电源全数字化控制技术已相对成熟，国内的仍以模拟控制技术为主。”王振民说。

由于国产电源不给力，水下机器人焊接技术一直难以得到提升。“弧焊工艺控制的智能化程度偏低，国内对焊接基础研究投入不足，工艺积累有限，导致产品除价格外，与进口产品相比不具有竞争优势。”王振民指出，国产焊接电源网络化自动化水平较低，导致各个自动化焊接部件信息量的传递十分有限，难以实现复杂焊接工艺的协同调控。

“北欧的海洋开采非常早，储备了相当多的焊接技术，拥有深海水下焊接设备。而我国开采海洋平台深度比较浅，技术处于发展阶段。”华南理工大学机械与汽车工程学院教授石永华指出，“他们有在水深1000米以下海域进行焊接的能力，而我们没有。”

现在只有国外一两家企业完全掌握水下机器人焊接技术。我国只能向国外购买，不仅价格贵，后期维护成本也极其高昂，同时还要被严格审核使用领域、范围。

“国外技术人员来检修深海石油管道，在出现问题的地方画个圈圈，几百万甚至上千万元人民币就没了。”王振民说。

技术虽有突破却难以产业化

华南理工大学是我国最早开展现代逆变式焊接电源装备技术的单位，

近年来，他们研发了逆变频率可高达 200 千赫兹的新一代大功率逆变式焊接电源，逆变频率的提高意味着对焊接电弧以及熔滴过渡行为的控制将更为精确。

与国外现有频率 20 千赫兹的工业级焊接电源相比，虽技术有了较大突破，但王振民却高兴不起来，他说："产业化还有很长的路要走。"

专业焊接人才极其匮乏是重要原因。王振民认为，一方面，研究此领域难以发论文，很多人都转研究方向了；另一方面，焊接电源涉及多学科领域，其控制方法与实际的焊接工艺过程密切相关，有较高的技术门槛，研究和应用都需要长时间积累，但近十多年，国内不少高校的焊接专业已被取消，用人单位对焊接的重视程度也不够，待遇差，导致了人才储备远远不足。

此外，"我国焊接装备产业原有机械部定点的 30 多个国有厂家，多半已处于破产、倒闭或者关停状态，但目前市场上唱主角的均为改革开放以后成长起来的 900 多家合资企业和民营企业，而其中绝大部分民营企业几乎没有研发能力。"王振民建议，应逐步完善以市场为导向、政产学研用相结合的技术创新体系。

我国钢材产量已超过 8 亿吨，约 50% 的钢材需经过焊接工序才能变成最终产品。同样是焊接，但不同的焊接电源，使用效果完全不一样。

目前在国内研发焊接电源的机构不多，推动焊接电源发展也是困难重重。1999 年到 2009 年，十年间，国内取消了焊接专业，原焊接专业纳入材料成形及控制工程专业，造成了现在研发焊接电源的高校科研单位寥寥无几。加上焊接电源研发周期长，有科研实力的大企业少，难以迅速推开。

水下焊接由于水的存在，使焊接过程变得更加复杂，并且会出现各种各样陆地焊接所未遇到的问题，目前，世界各国正在应用和研究的水下焊接方法种类繁多，应用较成熟的是电弧焊。随着水下焊接技术的发展，除了常用的湿法水下焊接、局部干法水下焊接和干法水下焊接以外，又出现了一些新的水下焊接方法。但是，从各国海洋开发的前景来看，水下焊接的研究远远不能适应形势发展的需要。因此，加强这方面的研究，无论是对现在或将来，都将是一项非常有意义的工作。

国产锂电池尚需拨云见日

孙玉松

电池四大核心材料中，正负极材料、电解液都已实现了国产化，唯独隔膜仍是短板。国产隔膜主要供应低端3C类电池市场，高端隔膜目前依然大量依赖进口。核心专利缺乏，隔膜等关键材料不给力，不仅成了国产锂电池难以承受之痛，也拖了国产锂电池企业“走出去”的后腿。

“也不知道这辆车的电池能坚持多久？”2018年6月15日上午，望着窗外驶过的又一辆新能源汽车，南开大学新能源材料化学研究所所长、博士生导师周震习惯性地自语道。

从事新能源材料研究20多年，看着日渐增多的新能源汽车，周震欣喜之余，仍存忧虑，“锂电池的基础材料研究，我们与世界一流水平还有差距，尤其高端电池隔膜材料仍然依赖进口”。

在周震等业内专家看来，作为新能源车的“心脏”，国产锂离子电池（以下简称锂电池）目前“跳”得还不够稳。

跨越太平洋的“四国游戏”

2017年全球动力电池销量前10的企业中，中国企业就占了7席，在市场份额上超越日本，占据了世界第一位；预计到2020年，我国在全球电池市场所占的份额将达七成以上。目前我国电池生产企业已超过了200家，是全球拥有锂电池生产企业最多的国家……

然而这一串的数字，并没有让业内人士觉得骄傲，不少人表示，虽然我国已经形成了比较完善的动力电池产业链，电池产业规模够大，但是还远称不上强。

在锂电池领域存在着一个跨越太平洋的“四国游戏”。“从行业角度来看，美国有比较强的研发设计能力，目前仍然引领锂电池原始创新、核心材料研发。日本作为电池材料制造大国，生产规范严格，能够最先制造出新的成品电池；我国和韩国作为第二梯队，后续跟进……”周震解释说，“相较日、韩，我国的低端锂电池产品更有优势，主要是由于人工和原始材料相对便宜，但是在部分高端产品，尤其是事关电池安全性的核心材料和制造工艺，仍有较大的差距。”

据了解，电池四大核心材料中，正负极材料、电解液都已实现了国产化，唯独隔膜仍是短板。国产隔膜主要供应低端3C类电池市场，高端隔膜目前依然大量依赖进口。核心专利缺乏，隔膜等关键材料不给力，不仅成了国产锂电池难以承受之痛，也拖了国产锂电池企业“走出去”的后腿。

天津力神电池一位负责人介绍说，锂电池最前沿的三元材料，核心专利掌握在美国3M公司和阿贡国家实验室的手中，3M公司持有常规化学计量比的NMC材料的专利，阿贡国家实验室拥有层状富锂材料专利。

目前，松下、三星、LG等主流厂商都要花钱购买相关专利授权。“国内锂电池企业众多，未来进入国际市场，面对国际巨头竞争，缺乏核心专利和材料技术是中国电池企业最大的隐忧和短板。”该负责人表示。

一层薄膜两重天

一些电池材料专家表示，隔膜是锂电池的关键组件之一，隔膜主要材质为多孔质的高分子膜，包括聚乙烯及聚丙烯。锂电池用的隔膜对安全性、渗透性、孔隙度及厚度都有严苛的要求。

“在锂电池内部，带有电荷的离子，在正负极间流动穿梭，才能形成电流，而隔膜位于电池内部正负极之间，既要防止正负极直接接触，又要确保电解质离子顺利通行。”周震形象地解释说，电池电解液犹如河流，锂离子好比河上行驶的小船，隔膜是拦腰而建的大坝，一个个隔膜孔就像是大坝上的闸门，正常情况下，离子自由穿梭到达正负极，完成充放电的循环。

“高端的隔膜一般附带有陶瓷材料，如果电解液温度过高，材料膨胀，孔隙会像闸门一样关闭，切断离子交流，从而避免电池因温度过高而起火爆炸。”周震介绍说，隔膜是锂电材料中技术壁垒最高的一种材料，其技术难点在于造孔的工程技术、基体材料，以及制造设备。“技术要求高，价格自然也就贵，差不多占到了电池总成本一成以上。”

目前，世界上最好的锂电池隔膜材料出自旭化成和东燃化学两家日本公司，而国内锂电池铝塑膜市场九成份额也被昭和电工等日本厂商垄断。天津力神公司的工程师介绍说，与日本相比，我国的高端隔膜差距明显。国产隔膜产品一致性不高，存在孔隙率不达标，厚度、孔隙分布以及孔径分布不均等问题。

隔膜的品质直接影响电池容量、充放电循环寿命、阻燃止爆安全性能等指标。业内人士感慨：“一层隔膜两重天，迈过去就是晴天！”

国产隔膜急需突破

目前锂电池隔膜制造工艺主要分湿法和干法。我国在干法工艺上已迈入了世界第一方阵，但在湿法隔膜领域，国内企业虽掌握方法，但整体仍难以与外国巨头抗衡，此外，核心生产设备也主要依赖进口。

数据显示，2017 年，国内锂电市场规模达到了 1130 亿元左右，其中动力锂电池规模大约 600 亿元。而国家工信部印发的《节能与新能源汽车产业发展规划（2011~2020 年）》也显示，到 2020 年我国纯电动汽车和插电式混合动力汽车生产能力达 200 万辆 / 年。

有电池行业协会据此估算，我国未来每年需要的高品质车用动力电池隔膜材料需求量将达到数亿平方米。

“锂电池发展要想不受制于人，隔膜等高端材料无法回避！”天津巴莫股份有限公司总经理吴孟涛认为，如此巨大的市场需求，完全依赖外国厂商，不仅不现实，也将成为国产动力锂电池的最大隐忧。

高端隔膜技术具有相当高的门槛，不仅要投入巨额的资金，还需要有强大的研发和生产团队、纯熟的工艺技术和高水平的生产线。“对湿法制造工艺来说，树脂材料与添加剂的挤出混合过程以及拉伸过程是两大核心难点。”

周震认为，国内隔膜企业要想有更大的作为，必须要在基础材料表面处理工艺、胶粘剂配方工艺、产品冲压拉伸等涉及材料、设备和工艺控制等三大领域“补课”，此外，在隔膜产业链上游，包括国产涂布机等在内核心生产装备也需要迎头赶上，尽快实现国产化更大突破。

“好比登山，离山顶越近成功登顶的希望就越大，而这时需要付出的努力也越多！”周震说道。

锂电池隔膜是决定电池性能、安全性和成本的重要材料。在锂离子电池主要原材料中，除正负极材料以及电解质溶液外，隔膜也是非常重要的组成部分。隔膜的主要作用是使电池的正负极分隔开，防止正负极接触而发生短路。在四大锂离子电池材料中，隔膜的成本占比仅次于正极材料，约为 10%~15%，在一些高端电池中，隔膜成本占比更高。从隔膜的性能指标要求来看，其厚度、孔隙率、抗拉强度、穿刺强度以及吸液性等基本参数都会影响到电池的性能，因此隔膜也成为锂电池四大材料中技术壁垒最高的材料。市场化的隔膜材料主要是以聚乙烯（PE）、聚丙烯（PP）为主的聚烯烃类隔膜，其中 PE 产品主要由湿法工艺制得，PP 产品主要由干法工艺制得。

隔膜在电池中扮演什么角色

人们越来越喜欢轻薄且续航时间长的手机，希望手机电池储能多而空间占比少，然而体积小的电池意味着电池内部正负极间的距离更近，这会带来一个巨大的风险——短路。为了防止电池正负极材料短路，突然释放能量，我们需要一种材料将正负极分开，这便有了隔膜的诞生。因此，隔膜是直接决定电池安全性能的关键材料，隔膜是电池的“安全员”，一旦它被破碎或者刺穿，都有可能引起电池内短路，从而引发安全事故。

锂电池隔膜研究最新进展

2018 年 9 月 10 日，中国科学院兰州化学物理研究所研究员张俊平团队首次开发出一种基于黏土矿物锂皂石的超亲电解液锂电池隔膜。锂皂石是一种人工合成的类蒙脱石黏土矿物，具有环境友好和成本低廉等优点。锂皂石呈纳米片状形貌，片宽约 25~30 纳米，片厚约 1 纳米。锂皂石纳米片是由硅氧四面体和镁氧八面体组成的三八面体晶型结构。三八面体中部分镁离子被锂离子取代，因此锂皂石中含有丰富的锂离子。研究表明，该黏土矿物超亲电解液隔膜对聚硫化物穿梭具有明显的抑制作用，同时具有较高的电导率、超亲电解液性和较高的热稳定性。将其应用于锂硫电池时，在循环稳定性、倍率性能和抑制自放电等方面均表现优异。此外，该隔膜具有较好的普适性，可通过简单的涂覆法制备，在磷酸铁锂和锂硫电池中均表现出了优异的性能。

拙钝的探测器模糊了医学影像

张佳星

在传统医学成像（CT、磁共振等）上，我国最早的专利比美国平均晚20年。在专利数量上，美国是我国的10倍。这意味着整个产业已经完全掌握在国外企业的手里。更现实的情况是，在这一“赛道”中，已领先发展50年的国外龙头企业布下大量的“专利”壁垒，限制了后来者的跟随和超越。

给奔跑的博尔特拍照，很容易“虚”。给跳动的心脏拍照，CT（电子计算机断层扫描）也有相似的难题。

雪上加霜的是，传统CT的断层“视野”太窄，就好比“门缝里看博尔特”，拍个全身还必须拍好几张拼出一幅图。

由于速度和视野的限制，给跳动的心脏准确成像是CT机诞生后几十年内没能达成的使命。近年来，一些进口高端CT机通过技术创新有所突破，主要是在探测器上下足功夫。

“进口的高端CT机为什么贵，一些实力雄厚的医院购买也要掂量掂量，主要贵在探测器上。”

一位医学影像设备研发人员介绍，每个探测器单元价值几万元，最高端的320排CT探测器要上千万元。

不掌握核心工艺

“排”是指CT扫描机探测器的阵列数，排数越多，探测器宽度越宽，一次扫描完成的宽度也就越大。如果CT探测器配备了320排探测单元，每排0.5毫米，一次扫描就可覆盖正常成年人的心脏。

在接收X射线的同时，探测单元还必须成矩阵地高速旋转，速度之快就像“武功高手”能让一个弧面围成一个“铁桶”，而每旋转一圈就要从2400~9600个不同角度对心脏的投影成像，感应速度要快，才能使整个心脏的一管一脉在这个“铁桶”里被捕捉。

工艺方面，探测器的拼接工艺要求极高，排数越多生产工艺复杂程度成倍数增加。两个探测单元排列在一起，中间的间隙如何做到最小，多个单元如何排列才能让探测器单位面积上接收到X光的效率最高，这些都是工艺上要考虑的问题。

中科院自动化研究所、中科院分子影像重点实验室副研究员王坤表示，“探测器具体的制造工艺是商业机密，企业是不可能披露的。就好比相机镜头在专利中可以呈现如何设计并描述抛面形状，但不会透露加工方法和镀膜材料。”

中科院分子影像重点实验室团队做过一次调研显示，在传统医学成像（CT、磁共振等）上，我国最早的专利比美国平均晚20年。在专利数量上，美国是我国的10倍。这意味着整个产业已经完全掌握在国外企业的手里了，所有的知识产权，所有的原创成果，所有的科研积累都在国外，中国只占很少的一部分。更现实的情况是，在这一“赛道”中，已领先发展50年的国外龙头企业布下大量的“专利”壁垒，限制了后来者的跟随和超越。

材质是机密

“X光射线穿过生物体后，由探测器捕捉。探测器捕捉灵敏度如何，单位面积上能获得X光的感应力度如何，决定了探测器的好坏。”王坤解释，这取决于探测器使用的感应材质。

业内一篇题为《谁是顶级CT的老大？》的文章中列举了飞利浦、西门子等顶级医学影像设备制造商的CT机。对于探测器选用的材质，各大国际生产企业都讳莫如深，犹如独门机密般以代号性词语描述——GE将其Revolution CT的探测器晶体命名为“宝石”，而西门子则称其为“独有光子晶片”。

相关资料显示，CT成像系统中探测器的首选方案为闪烁探测器，其中的关键部分是可将入射的不可见X光子转换为可见光的闪烁晶体或荧

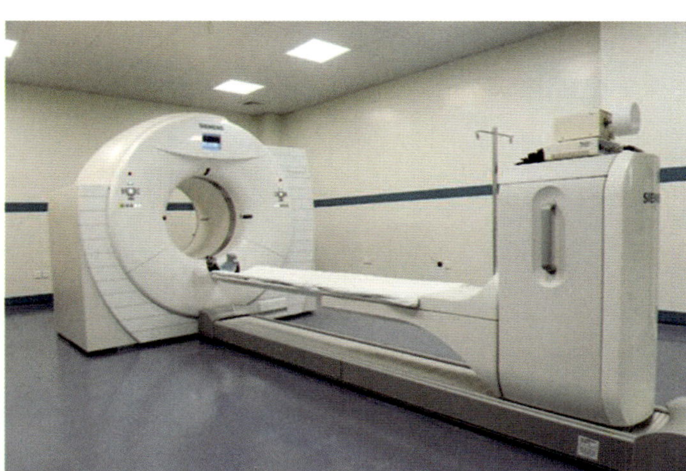

光物质，完成后续成像。中国闪烁晶体从业的科研人员较少，闪烁晶体方面的人才培养单位只有上海硅酸盐所等个别单位，自主开发的新型闪烁晶体较少，晶体生长和性能研究方面的结合较少。

在晶体材料研发和生产的困窘之下，也有企业试图从海外谋求出路。例如，东软医疗于去年对国外某领先的 CT 探测器核心材料制造商完成战略投资。这样的购买行为是否会买回核心技术还需时日验证。

苦追无益，换条赛道破题

“目前国产医学影像设备的大部分元器件依赖进口”，王坤说，国内企业如果从头研发将根本无法盈利，而且至少要花 10 年、20 年才能达到别人的现有水平。而到那个时候，最先进的医学影像技术又发生了变化，还是竞争不过国外的企业。

如何摆脱跟着别人走的窘境？业内人士认为，与其在过去的传统影像上竞争，不如在新的、更前沿的影像领域直接和国外展开竞争。

可竞跑的新赛道中就有“分子影像”，即通过把造影剂打到人体内标记生物分子，进而看到人体内基因、蛋白等分子变化，可直接在活体上看到体内分子活动。分子影像的概念 1999 年才在国际上被提出，我国 2002 年跟进。现在在该领域的论文发表、知识产权积累、国际国内专利数量上我国跟国外差不多。

“分子影像这条道路上，我国目前与国外齐头并进。”王坤认为，科学研究有基础才能支撑起产业的持续发展与竞争力。据了解，中国科学院分子影像重点实验室已研发出可在手术中导航的成像仪，在等待国家食药监总局的认证批准，其元器件全部实现国产化。相关的分子探针也已进入新药审批流程。

除了在新领域上抢占先机，国家也已经启动了相关研发计划，立项提出了明确的目标，推动高端CT仪的生产和制造，以解决高端CT依赖进口的“卡脖子”问题。

电子计算机断层扫描（简称CT）是利用精确准直的X射线束等，与灵敏度极高的探测器一同围绕人体的某一部位作一个接一个的断面扫描，探测器接收透过该层面的X射线，转变为可见光后，由光电转换变为电信号，再经模拟/数字转换器转为数字，输入计算机处理，具有扫描时间快、图像清晰等特点，可用于多种疾病的检查。

其中，X射线探测器是CT成像的核心，接收到射线照射后，产生与辐射强度成正比的电信号。通常探测器所接受到的射线信号的强弱，取决于该部位的人体截面内组织的密度。密度高的组织，例如骨骼吸收X射线较多，探测器接收到的信号较弱；密度较低的组织，例如脂肪等吸收X射线较少，探测器获得的信号较强。这种不同组织对X射线吸收值不同的性质可用组织的吸收系数m来表示，所以探测器所接收到的信号强弱所反映的是人体组织不同的m值，从而对组织性质做出判断。

X射线探测器中最为重要的系统参数便是能量分辨率，能量分辨率反映了探测器对不同类型的入射粒子的能量分辨能力。能量分辨率越小，则表示探测器可区分更小的能量差别。探测器的能量分辨率受诸多因素的影响，如探测器的有效探测面积、探测元器件类型、计数器能力、后续处理电路时间常数等。

超精密抛光工艺路阻且长

张景阳

超精密抛光对抛光机中磨盘的材料构成和技术要求近乎苛刻，这种由特殊材料合成的钢盘，不仅要满足自动化操作的纳米级精密度，更要具备精确的热膨胀系数，而我国目前还做不到。

在茫茫宇宙中，一个类金属合金宇宙探测器以超光速掠过，它由被强互作用力锁死的质子与中子构成，因表面绝对光滑而可以反射一切电磁波，并且无坚不摧……这是刘慈欣在科幻小说《三体》中提到的一种名叫“水滴”的宇宙飞行器。

事实上，人类对“绝对光滑”的追求也已经从科学幻想转变为实践，比如推动“集成电路变身革命”的超精密抛光技术。像《三体》中描述的一样，当前最为先进的化学机械抛光（chemical mechanical polishing，CMP）技术也已进入原子尺寸级。而当电子工业强国争相攀登或到达这一工艺巅峰之时，我们却还只能仰望。

现代电子工业，超精密抛光是灵魂

物理抛光是20世纪80年代之前最为常用的抛光技术，但是电子工业的高速发展对材料器件的尺寸、平整度提出越来越严苛的要求。当一块毫米厚度的基片需要被制成几十万层的集成电路时，传统老旧的抛光工艺已经远远不能达到要求。

“以晶片制造为例，抛光是整个工艺的最后一环，目的是改善晶片加工前一道工艺所留下的微小缺陷以获得最佳的平行度。”中科院国家纳米科学中心研究院王奇博士介绍说。

今天的光电子信息产业水平，对作为光电子基片材料的蓝宝石、单晶硅等材料的平行度要求越来越精密，已经达到了纳米级。这就意味着，抛光工艺也已随之进入纳米级的超精密程度。

超精密抛光工艺在现代制造业中有多重要，其应用的领域能够直接说明问题：集成电路制造、医疗器械、汽车配件、数码配件、精密模具、航空航天。

王奇说："超精密抛光技术在现代电子工业中所要完成的使命，不仅是平坦化不同的材料，而且要平坦化多层材料，使得几毫米见方的硅片通过这种'全局平坦化'形成上万至百万晶体管组成的超大规模集成电路。例如人类发明的计算机从几十吨变身为现在的几百克，没有超精密抛光不行，它是技术灵魂。"

核心技术被雪藏，国内需求受制于人

浙江晶盛机电股份有限公司是我国电子制造业追逐"全局平坦化"的开路先锋之一，公司多年从事抛光工艺研发的技术主管孙明介绍说，"如果把抛光工艺比作做煎饼，卡我们脖子的就是锅，别人的锅不粘锅底，而我们做不到。"

孙明所说的"锅"就是抛光机的核心器件——"磨盘"。超精密抛光对抛光机中磨盘的材料构成和技术要求近乎苛刻，这种由特殊材料合成的钢盘，不仅要满足自动化操作的纳米级精密度，更要具备精确的热膨胀系数。

当抛光机处在高速运转状态时，如果热膨胀作用导致磨盘的热变形，基片的平面度和平行度就无法保证。而这种不能被允许发生的热变形误差不是几毫米或几微米，而是几纳米。

目前，美国、日本等国际顶级的抛光工艺已经可以满足60英寸基片原材料的精密抛光要求（属超大尺寸），他们据此掌控着超精密抛光工艺的核心技术，牢牢把握了全球市场的主动权。而事实上，把握住这项技术，也就在很大程度上掌控了电子制造业的发展。

孙明介绍，日本产抛光机的研磨盘均为定制，不进行批量生产，直接限制了他国仿制；王奇也介绍说，美国的抛光设备销往中国，价格一般都在 1000 万元以上，而且销售订单已经排至 2019 年年底，此前不接受任何订单。

“面对如此严密的技术封锁，我们很急，春秋时期，鲁班为人类发明石磨助力了农耕文明，如今我们的电子工业进步却再次被一种磨盘卡住了脖子。但是再急，目前我们还得等，要么等进口，要么自主研发。”王奇说。

登顶技术巅峰，求人不如求己

其实在超精密抛光领域内，中国并非毫无建树。作为一套技术要求极高的合成工艺，超精密化学机械抛光工艺精必须由设备和材料（抛光液）组成，二者缺一不可。

2011 年，王奇博士团队研发的“二氧化铈微球粒度标准物质及其制备技术”获得中国石油和化学工业联合会技术发明一等奖，相关纳米级粒度标准物质获得国家计量器具许可和国家一级标准物质证书。二氧化铈新材料的超精密抛光生产试验效果一举赶超了国外传统材料，填补了该领域空白。

但是王奇说：“这并不意味着我们已经攀登到了这一领域的顶峰，对整体工艺来说，只有抛光液而没有超精密抛光机，我们最多还只是卖材料的。”

孙明认为，明确现代电子工业生产制造的具体要求，才能找准攻克超精密抛光工艺的方向：“抛光工艺需要满足目前电子工业制造的要求，可以概括为超精密、大尺寸。有了顶级的抛光材料仅仅是基础，以此为基础，我们还需要分两步走，首先解决磨盘问题，其次解决抛光面积扩大问题。”

孙明介绍，美国、日本抛光机磨盘的材料构成和制作工艺一直是个谜。换言之，购买和使用他们的产品，并不代表可以仿制甚至复制他们的产品，这是两回事。

“用什么材料和工艺才能合成这种热膨胀率低、耐磨度高、研磨面超精密的磨盘，是我们首先需要集中力量攻克的技术难题，这个问题一旦解决，60 英寸抛光作业面也将不再是梦想。而这样的核心技术，永远不能指望从别人手中获得，除了依靠自己，我们别无选择。”孙明说。

超精密抛光与传统意义上的器件表面抛光有着本质区别。现代制造业和电子工业的发展，对抛光的精度提出了前所未有的高要求：纳米级表面平坦化，这才是超精密抛光的真正意义所在。所以，我们所说的超精密抛光，已经远远不是通过物体与物体的摩擦完成，而是以等离子态的物质之间的摩擦来达到绝对平坦、绝对光滑的目标，从这个意义上讲，超精密抛光目前为止，多指纳米抛光（又称等离子抛光），是一种化学机械抛光法。

等离子纳米抛光是一种全新的金属表面处理工艺——仅在工件表面的分子层与等离子反应，分子中原子一般间距为 0.1~0.3 纳米，处理深度为 0.3~1.5 纳米。抛光物的表面粗糙度在 1 毫米范围内，因此等离子纳米抛光处理可以化学活化工件表面、去除表面分子污染层、交叉链接表面化学物质。等离子也称为物质的第四态，是一种电磁气态放电现象，使气态粒子部分电离，这种被电离的气体包括原子、分子、原子团、离子和电子。等离子就是在高温高压下，抛光剂水溶，但是在高温高压下，电子会脱离原子核而跑出来，原子核就形成了一个带正点的离子，当这些离子达到一定数量的时候可以成为等离子态，等离子态能量很大，当这些等离子和要抛光的物体摩擦时，顷刻间会使物体达到表面光亮的效果。

国产碳纤维缺股劲儿

李 禾

碳纤维质量能比金属铝轻，但强度却高于钢铁，还具有耐高温、耐腐蚀、耐疲劳、抗蠕变等特性，其中一个关键的复合辅材就是环氧树脂。但目前国内生产的高端碳纤维，所使用的环氧树脂全部都是进口的。相比于碳纤维，我国高端环氧树脂产业落后于国际的情况更为严重。

“碳纤维产业链核心环节很多，包括上游原丝生产、中游碳化环节、下游复合材料及其应用，经过十多年的研发和突破，目前我国碳纤维的‘卡脖子’问题主要在下游应用环节，即复合材料和制品方面。”中国化学纤维工业协会副会长贺燕丽说。

碳纤维是一种含碳量在95%以上的高强度新型纤维材料，之所以其质量能比金属铝轻，但强度却高于钢铁，还有能耐高温、耐腐蚀、耐疲劳、抗蠕变等特性，其中一个关键的复合辅材就是环氧树脂。环氧树脂具有优良的物理机械和电绝缘性能，附着力强，能将碳纤维黏结在一起。但目前国内生产的高端碳纤维，所使用的环氧树脂全部都是进口的。

脆弱的环氧树脂改性之难

碳纤维按照力学性能可分为高强型、超高强型、高模量型和超高模量型。在日本东丽公司产品代号中，T 指横截面面积为 1 平方厘米单位数量的该类碳纤维可承受的拉力吨数，即 T 数越高，碳纤维质量越好；模量指受外拉力或压力后恢复原形的拉伸模量。目前，我国已能生产 T800 等较高端的碳纤维了，但日本东丽掌握这一技术的时间是 20 世纪 90 年代。

中国复合材料集团有限公司董事长张定金说，相比于碳纤维，我国高端环氧树脂产业落后于国际的情况更为严重，特别是在飞机、航空航天等领域的高端碳纤维应用中。

分子结构中含有环氧基团的高分子化合物统称环氧树脂，除碳纤维外，还广泛应用于机械、电子、家电和土建工程等领域。

高端环氧树脂依赖进口，一方面与我国化学工业基础薄弱有关，另一方面与环氧树脂本身特性有关。一个分子链上有两个以上的多官能团分子，可以交联反应而形成不溶、不熔的具有三向网状结构的高聚物。而航空结构件的使用环境极为严苛，碳纤维复合材料必须能长期耐得住

上百摄氏度的高温和零下几十摄氏度的低温；同时，在湿热条件下玻璃化转变温度、弹性模量及压缩强度不能显著下降，这就需要更高官能度、环氧值且黏度合适的相关产品。

分子中能参与反应的官能团数被称作官能度。有业内人士表示，不是官能度越高越好。能度太高，复合材料会过于坚硬无韧性。因此，必须具体到在不同使用条件下，考虑强度、模量、韧性、高低温、疲劳等，从配方体系、分子结构去分析，这是一个非常复杂的系统工作，而且科技含量高、研究难度大。

环氧树脂的耐候性与玻璃化转变温度有直接关系，复合材料在航空领域应用时，普遍要求环氧树脂玻璃化转变温度不能低于 180 摄氏度，而目前国产树脂领域绝大多数企业还不具备相关技术。

缺智能自动化设备

对连续碳纤维增强复合材料使用性能构成最大威胁的是复合材料的低速冲击分层损伤，这也是高性能复合材料能否在飞机结构中推广应用的核心。造成复合材料对冲击分层损伤敏感的主要原因之一是环氧树脂本身韧性不足。

为满足要求，增韧后的复合材料冲击后压缩强度（CAI 值）至少需达到 200~300 兆帕水平。目前，国际上通行的树脂增韧方法包括原位粒子增韧或离位插层增韧。“各分子间组合关系非常复杂，要最终达到刚韧兼顾，没有长期的研究基础和多年实验自然很难研制成功。”树脂协会环氧分会秘书长孔振武说。

“环氧树脂的改性还与智能自动化设备息息相关。”东华大学材料科学与工程学院教授余木火表示，我国碳纤维生产时间短，缺乏低成本的成套自动化生产设备，导致生产效率低、产品稳定性不足等问题。

“还需要对这样的智能化设备加大研发和生产力度。”贺燕丽说。

应用牵引不足进步慢

环氧树脂情况特殊，“不同用途，其结构和性能等都不同”。孔振武说，我国碳纤维材料生产与应用相互脱节，应用对之牵引不足，没有反馈修正，环氧树脂等技术进步自然也就慢了。

目前，高端碳纤维用得最多的是在飞机上，如在波音 B787 机型上，使用东丽公司生产的碳纤维复合材料已占总材料用量的 50%。2016 年，东丽公司的碳纤维产量约为 4 万吨，而我国碳纤维企业 30 多家，总产能 2 万吨左右，实际产量约 7000 吨。

东丽碳纤维大量使用在波音上绝非一朝一夕之功。从 20 世纪 80 年代开始，东丽公司就和波音进行全方位合作，东丽人甚至住到了波音公司里，根据波音要求来设计、生产碳纤维。直到 2011~2012 年，使用碳纤维的飞机才开始试飞，磨合时间长达近 30 年，并根据波音的使用要求和反馈，不断纠错、修正产品。

此外，在一个行业中一旦形成领先效应，超越就很难。目前波音飞机、美国 F-22 和 F-35 战斗机上使用的碳纤维环氧树脂都来自美国亨斯曼公司。余木火说，亨斯曼的产品早已通过了材料和工艺认证，如果要使用其他企业生产的环氧树脂，还需要一个漫长、繁复的论证过程，碳纤维生产企业自然愿意使用亨斯曼的。这也不利于国内高端环氧树脂产品迎头赶上。

碳纤维是由聚丙烯腈（PAN）、黏胶丝或沥青等有机纤维原丝经过预氧化、低温碳化、高温碳化、石墨化等一系列物理化学变化得到的碳含量大于93%的纤维材料，既可以用来制备承受负载的结构材料，又可以用来制备电化学材料、电磁屏蔽材料、电热材料等功能材料，因此，有人称碳纤维为新材料中的王者。

碳纤维的制备方法早在1860年就由英国人瑟夫斯旺提出，瑟夫斯旺将绳状的纸片碳化成碳丝，用来作为灯丝使用，但未能成功。1879年，美国人爱迪生将焦油与油烟的混合物做成丝状，再碳化成灯丝，应用于电灯上，虽然后来碳丝被钨丝等材料替代，但这算是碳纤维的雏形，打开了碳纤维研制、生产和应用的大门。

20世纪50年代，美国出于军用需求，急需新型耐烧蚀和轻质结构材料，碳纤维重返新材料的舞台。美国最早开发出的是黏胶基碳纤维，主要用于隔热和耐烧蚀材料，使黏胶基碳纤维一度鼎盛。与此同时，日本在1959年发明了聚丙烯腈基（PAN）碳纤维，PAN基碳纤维具有生产工艺成熟、综合性能好和生产成本较低等优势，成为碳纤维主流产品；1965年，日本又成功研制出沥青基碳纤维，使得沥青成为仅次于PAN的第二大原材料。

去不掉的火箭发动机“锈疾”

付毅飞　于紫月

用于火箭发动机的钢材需具备多种特性，其中高强度是必须满足的重要指标。然而，不锈钢的强度和防锈性能，却是鱼和熊掌般难以兼得的矛盾体。火箭发动机材料如果严重生锈，将带来很大影响。完全依靠材料自身实现高强度和防锈性能兼备，这是世界性难题。现在，我国航天材料大多用的是国外20世纪六七十年代用的材料，发达国家在生产过程中会严格控制杂质含量，如果纯度不达标，便重新回炉，但国内厂家往往缺乏这种严谨的态度。

“不锈钢能不能不生锈”这个有点黑色幽默的问题，几乎让中国航天科技集团六院发动机专家、长征五号运载火箭副总设计师陈建华落下心病。

在我国120吨级液氧煤油补燃循环发动机YF-100的研制过程中，陈建华注意到好几种高强度不锈钢都容易生锈。从2011年开始，他跟老朋友、钢铁研究总院特殊钢研究所副所长苏杰无数次沟通，双方压力都很大。

如今，长征六号、七号、五号火箭相继首飞了，陈建华仍没有得到让人完全信服的答案。

强度和防锈性能是对矛盾体

用于火箭发动机的钢材需具备多种特性，其中高强度是必须满足的重要指标。苏杰介绍说，过去我国火箭发动机上采用的奥氏体不锈钢，屈服强度约为 300 兆帕，而新一代运载火箭所用材料，强度是其 2~4 倍。

然而，不锈钢的强度和防锈性能，却是鱼和熊掌般难以兼得的矛盾体。

“需要明确一个概念，不锈钢是会生锈的。”苏杰说，“简单来讲，钢材的耐蚀性主要依靠合金元素‘铬’的含量，但如果该元素加得太高，强度就上不去。因此高强度的材料，防锈能力一定会较差。”

北京科技大学材料科学与工程学院教授李静媛补充说，提高不锈钢强度常用的方法是析出强化。在热处理工艺中，钢材料内部会析出一些微粒，弥散分布于基体中导致硬化。“但是，微粒析出的位置会出现缺陷，缺陷处合金元素减少、组织结构出现差异，破坏了金属材料的均匀性，就容易发生腐蚀，也就是通常所说的‘生锈’。”她表示。

陈建华表示，火箭发动机材料如果只是有点浮锈问题不大，但如果严重生锈，可能带来很大影响。

假设阀门的阀芯生锈，会使阀门在开合过程中遇到阻力，导致反应速度出问题。如果锈得厉害，还可能发生泄漏。要是管道生锈，锈块随着燃料流动，可能引起堵塞。

世界难题：国外发动机材料也生锈

生锈问题带来的苦恼，陈建华深有体会。"为了防锈，我们规定发动机见水不能超过几个小时。可发动机沾水在所难免。例如做水力试验，每次做完得赶紧把发动机拉回厂里，放进炉子烘干。"他说，"长征五号火箭只能在海南文昌发射，暴露在潮湿环境下多久会生锈？我只关心这个。"

他有一块国外发动机材料，放在仓库多年依旧光亮。

苏杰坦陈，我国在新材料研发方面与发达国家还有差距，目前主要处于仿制阶段。现在我国航天材料大多用的是国外20世纪六七十年代用的材料，只是如今工艺技术更先进，生产的同样材料性能更好。

李静媛对此颇为忧虑：如果遇到高端产品，国外不公开材料成分、工艺，我们难免会被"卡住脖子"。

同时她认为，我国拥有一流的设备，但管理水平与国外存在差距。例如发达国家在生产过程中会严格控制杂质含量，如果纯度不达标，便重新回炉，但国内厂家往往缺乏这种严谨的态度。

不过苏杰说，陈建华那块国外材料后来被拿到海南，与国产材料做对比，结果两者同时生了锈。“完全依靠材料自身实现高强度和防锈性能兼备，这是世界性难题。”苏杰表示。

鱼和熊掌兼得需借助外援

李静媛认为，要实现鱼和熊掌兼得，可以进行更为科学的成分设计，如加入抗蚀性元素、强化元素等，并对各元素的加入量进行科学配比。

但苏杰认为，这是理论性的方向，正确但不适用。“对于航天动力这样高强度级别的材料，我们已经尽可能优化，兼顾了耐蚀性。”他说，“耐蚀性更好的材料有很多，但我们的核心不在于保证不生锈，而是强度、韧性等多方面性能的匹配。”

其实航天材料防锈并非不能实现，只是需要借助“外援”。苏杰说，通过材料和工艺配合，一方面利用材料自身的防锈能力，另一方面采用表面涂层处理或往材料内腔注入干燥空气、氮气等辅助手段，已经解决了生锈问题。

陈建华表示，六院也针对生锈问题专门开展了试片研究，并对产品适应性进行了充分考核验证。通过对贮存 5 年的发动机进行多次考核，发现其工作状况良好。

但他仍没有完全放心。陈建华说，对于我国正在发展的可重复使用火箭发动机，使用时间更长，其内部要反复经受煤油浸泡，又不能拆开处理，对防锈能力的考验会更严峻。又如我国新一代运载火箭，现在是无人发射，将来要是载人，安全可靠性要求更高。生锈问题到底有没有影响？这些问题必须搞清楚。

析出强化：处于过饱和固溶体状态的合金经重新低温加热或长时间放置，从过饱和基体中析出细小第二相粒子，弥散分布于基体中，从而导致合金硬化。

许多合金的基体都有溶解某些元素的能力，其溶解度随温度的上升而增加。例如，在铁金属中添加多种合金元素炼制成钢，铁金属是钢材料中占比最多的成分，被视为基体，其溶解其他合金元素的能力随温度上升而提高。高温下，合金为单相固体，但是在冷却的过程中，随着溶解度下降，成为状态不稳定的过饱和固溶体，随后通过固态沉淀的方式析出第二相粒子。

通过控制冷却速度等热处理工艺参数，可以析出弥散、硬质的第二相粒子，均匀分布在金属基体中。这些本身较硬的粒子就像在金属基体中钉扎的“钉子”，如果材料想要变形，须绕过这些“钉子”，耗费的能量便会增加。当这些“钉子”较为均匀地分布在金属基体中时，变形就更加“费力”，在工程应用中便表现为材料的强度提升。

其他提升材料强度的方法还包括细晶强化、固溶强化和加工硬化等。除细晶强化外，上述提到的三种强化方法都会在提升材料强度的同时降低材料的韧性。过刚则易折，只追求高强度而忽略材料对变形的恢复能力和忍受程度显然无法满足金属材料日益复杂的服役环境。因此，科研人员在成分配比研究、加工工艺创新等过程中，协调金属材料的强度与韧性会是一个永恒不变的话题。

数据库管理系统苦寻“正确打开方式”

高 博

国内数据库管理系统（DBMS）企业大多源自20世纪90年代的高校，期望实现国产替代。但多年来，产品的稳定性一直上不去，也不敢做有挑战性的性能测试。所以，稳定性、性能都无法让市场信服。结果就是：稍微重要一点的系统根本没人敢用。

有一天你去银行取钱，惊喜地发现：由于系统故障，你的账户显示着马云的数据……

这种事不可能发生，因为数据库管理系统非常可靠。网上买火车票，或者将照片上传云端，你都离不开它。

而商用数据库管理系统的丰厚利润，一直被以甲骨文为首的几家美国公司瓜分，中国产品只能望洋兴叹。

速度和可靠，兼顾是难题

查询银行账户时，我们不知道数字来自哪台计算机、哪块硬盘。有数据库管理系统（DBMS）替我们干活。

DBMS 就像图书管理员：找到书架，存书，取书……说起来容易，但当图书馆特别大，而且书会拆开来放入相隔遥远的架子时，管理起来就很麻烦了。

在数据库开发与实施方面有丰富经验的 IBM 分析领域架构师罗曦光举了一个例子——用户修改数据时，相关存储区域会被锁住，其他用户只能排队等，如果 DBMS 存储位置不合理，就会耽误许多时间。数据操作的理想状况如同几十只手弹奏一架钢琴，各弹各的，互不影响。

“数据库管理系统，尤其是关系型数据库管理系统（RDBMS）的方法论，教科书上写得很明白，其功能和常见的图书管理系统没什么差别。但当数据量非常大，到了 TB 和 PB 级别，DBMS 性能不下降就是一大挑战。”罗曦光说。

比如一个普通的大型网站，每秒要处理十万个查询请求，数据库需要同时执行几十个查询任务，而且响应时间极短。

“网络用户发送请求，期望一眨眼就得到结果。如果 DBMS 做得不

好，响应时间长到10秒或20秒，用户会丧失耐心，数据库还可能经常挂掉。”罗曦光说，要永远不出故障，达到高可用性，需要很多专门技术。

目前全世界最流行的两种DBMS是Oracle和MySQL，都是甲骨文公司旗下的产品。竞争者还有IBM公司的DB2、Informix，微软公司的SQLserver以及开源的MariaDB等。甲骨文、IBM、微软和Teradata几家美国公司，占了大部分市场份额。

国产替代难，输在稳定性

DBMS国货也有市场份额，但只是个零头。银行、电信、电力等要求极端稳妥的企业，不会考虑国货。20年前就有人呼吁用国货替代，但一线技术人员并不情愿。

“先发优势、完善的售后技术支持和高额的迁移成本，是企业难以迁移到新系统的原因。”罗曦光说，国内一家电商平台为了从Oracle迁移到别的系统，最多曾用上百人的团队花了十几个月，成本不菲。

罗曦光认为，如今的开源DBMS做得很好而且免费，但银行和传统龙头企业出于谨慎，对将核心系统迁移到开源系统仍会持谨慎态度。

稳定压倒一切。DBMS行业观察家晓军在《国产数据库发展现状分析》一文中指出，国内DBMS企业大多源自20世纪90年代的高校，期望实现国产替代。但多年来，“产品的稳定性一直上不去，也不敢做有挑战性的性能测试。所以，稳定性、性能都无法让市场信服。结果就是：稍微重要一点的系统根本没人敢用”。

另外，晓军说，当年国货往往模仿Oracle，追求大而全，而技术创新不足、没有特点。相比之下，20世纪90年代的美国小厂商极富创新力，开辟了一些全新的技术方向，在与甲骨文等巨头的竞争中成功活了下来。

“这个年代，开源 DBMS 的源代码可以随便下载，国内应该不会有新的入场者再去做传统的 DBMS 了。”罗曦光说。

浩瀚代码的背后，是浩瀚人才

“Oracle 的数据库软件……代码量堪称浩瀚。”晓军说，“Oracle 最有特色的地方就是功能非常繁多，语句极端丰富，即便大部分都不常用。”晓军说，小公司在这一点上试图比肩甲骨文，犹如“乞丐与龙王爷比富”。

“Informix 的主要模块的源代码就有 2000 多万行，Informix 当年在美国的核心研发队伍就有超过 200 人，加上测试和周边团队，总数不下 500 人。”晓军举例说。

而国内付费使用 IBM 公司的 Informix 源代码的几家企业，相关队伍都不超过 40 人，晓军说，要快速追赶世界先进水平，阅读代码的团队规模应该超过写代码的团队。因此，国内“面对十年前的巨量代码一筹莫展，要弄通又得花很多年”。

而罗曦光认为，尽管国内公司没有可以比肩甲骨文的，但“在参与开源软件的意义上，中国不是没有入场的资格。这是一个技术充分交流与共享的时代”。

罗曦光说，目前开源的 RDBMS（如 MariaDB）就有国内软件开发人员大力支持，与大数据平台紧密关联的 NoSQL 数据库（如 HBase）的开发社区里也活跃着中国开发人员的身影。以阿里云为代表的国内云服务的底层，也包含借鉴开源系统打造的数据库管理系统。

“今时今日，一个全新的公司来做项目，可能不会选择国外厂商付费的 DBMS。比如互联网的初创企业，大概率会选择国内厂商的基于云服务的包含 DBMS 的整体方案。”罗曦光说。

数据库从发明到现在，分三个时代：导航数据库、关系数据库和后关系数据库。

在没有数据库系统的年代，数据管理就是保存打孔纸带。磁盘引进后，情况复杂了。磁盘和磁带或打孔纸带不一样，读数据的头可以移向任意扇区，程序员需要编制一个系统，快速找寻数据，这个系统就像导航员一样。

1961 年，通用公司开发出第一个数据库 IDS，1963 年，第一个多程序共享的数据库开始运行，在此之前，每个程序都要自己管理自己的数据。

数据库发展出了层次和网状两种结构。此时，数据尽管可以存储在磁盘文件上，但仍然不能独立于程序。1970 年，IBM 的 Codd 博士提出了关系模型，开启了数据库系统新时代。系统把复杂的数据结构都化为二维表格，通过表格的合并连接等操作来管理数据——我们大家熟悉的“EXEL 式”的数据管理兴起了。

用户操作越来越简单，计算机代劳了麻烦的活儿。比如 1974 年问世的 SQL 语言，高度非过程化，只要求用户指出做什么，不需要指出怎么做。

1976 年 Ellison 读到 Codd 博士发表的一篇论文，受到启发，开发了商用的关系型数据库，名叫甲骨文，这家公司迅速成了百亿美元级的巨头。而现在银行等大客户使用的仍是这个年代研发的数据库。

扫描电镜“弱视”，工业制造难察秋毫

陆成宽

目前我国科研与工业部门所用的几百台扫描电镜中，主要产自美、日、德和捷克等国。国产扫描电镜只占约 5%~10%。扫描电镜仍处于“弱势”。

对材料微观结构的观测离不开“微观相机”——扫描电子显微镜，一种高端的电子光学仪器，被广泛地应用于材料、生物、医学、冶金、化学和半导体等各个研究领域和工业部门。

“比如，在材料科学领域，它是非常基础的科研仪器，毫不夸张地说，材料领域 70%~80% 的文章都要用到扫描电镜提供的信息。”中国科学院上海硅酸盐所研究员、中国电子显微镜学会扫描电镜专业委员会副主任曾毅介绍说。但是，目前我国科研与工业部门所用的扫描电镜严重依赖进口，每年我国花费超过 1 亿美元采购的几百台扫描电镜中，主要产自美、日、德和捷克等国。国产扫描电镜只占约 5%~10%。

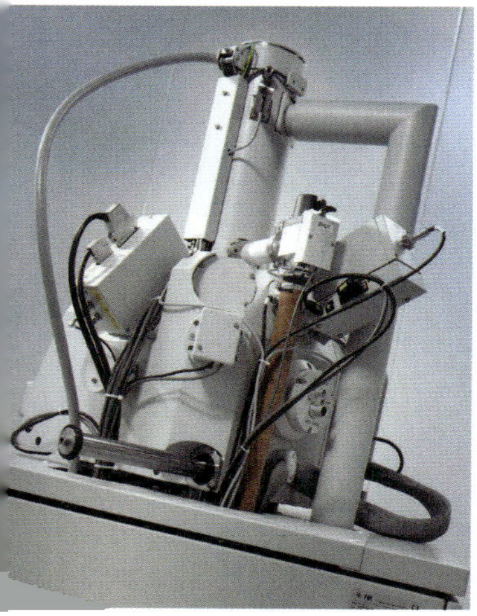

高质量电子光学系统生产困难

曾毅说，扫描电镜的图像分辨率与电子束的直径密切相关，电子束汇聚越细，图像分辨率就越高。

扫描电子显微镜主要是利用二次电子信号成像来观察样品的表面形态，即用汇聚得很细小的电子束在样品表面扫描，通过电子束与样品的相互作用产生各种信号（如二次电子信号）来获得材料表面细节信息。

扫描电镜由电子光学系统、信号收集及显示系统、真空系统和电源系统组成。其中，电子光学系统又由电子枪、电磁透镜、扫描线圈和样品室等部件组成。工作时，电子枪发射出的电子束被电磁透镜汇聚成极细的电子束，在样品表面进行扫描，激发样品表面产生二次电子。二次电子由探测器收集，并被闪烁体转变成光信号。

二次电子产生的多少与样品表面的形貌有关。样品不同区域所激发出的二次电子数量不同的，那么经光电倍增管和放大器转变成的电压信号就有相应的差别，反映在荧光屏上相应部位也有或亮或暗的衬度差，最终得到一幅样品表面放大的黑白图像。

为了获得较高的图像分辨率，汇聚的电子束

的束斑直径应尽可能细，而电子束的汇聚必须通过电子光学系统来完成。“现在的电子光学系统需要将电子束聚焦到1纳米左右，也就是电子束在样品表面形成一个直径小到1纳米的斑点，相当于一根头发丝直径的六万分之一，这就要求电子光学系统各个部分设计完美，才能形成如此细小的电子束斑，这是一个较难解决的问题。”曾毅说。

透镜内探测器设计难度较大

除了需要极细的电子束，扫描电镜图像的获得还需要高效的二次电子探测器。“现在主流的扫描电镜大多采用半磁浸没式或者全浸没式透镜技术，也就是将探测器装到电磁透镜上方，利用磁场力的作用来收集二次电子。”曾毅说。

分辨率较低的钨丝灯扫描电镜的探测器一般位于电磁透镜和样品之间。在这种情况下，探测器和样品的距离就比较近，样品和透镜的距离（工作距离）就比较远。事实上，扫描电镜的图像分辨率与工作距离密切相关，距离长会导致图像分辨率降低，而距离近则能提高图像分辨率。

为了提高扫描电镜的图像分辨率，就要尽可能地缩短样品和透镜之间的距离，采用的方法就是把探测器往电磁透镜上方移。这样，工作距离就可以缩得很短。2000年以后，工作距离更短、图像分辨率更高的场发射扫描电镜应运而生，并成为主流产品。而目前主流场发射扫描电镜都采用半浸没式或全浸没式电磁透镜，也就是将探测器装在电磁透镜上方或者里面。

探测器在样品和电磁透镜之间的钨丝灯扫描电镜设计简单，利用电场的作用来探测二次电子，只需要在探测器的前端加一个正电压，探测器就可以将二次电子“吸过去”，收集起来。而场发射扫描电镜将探测器装到电磁透镜里面以后，虽然样品和透镜的距离拉近，但是探测器和样品的距离却变得更远了，收集二次电子的效率就会大大降低。

“此时仅仅靠在探测器前端加正电压吸引二次电子的方法就行不通了，需要借助磁场力作用将二次电子吸到电磁透镜内部。场发射扫描电镜如何利用磁场力的作用将二次电子高效地吸到电磁透镜内，在提高采集效率这一点上，我们需要有所突破。”曾毅说。

低电压分辨率需要突破

传统扫描电镜在观察非导电样品时，样品表面必须镀导电膜层才能对其进行观察。这种情况下，导电膜会对样品表面真实形貌造成一定程度的掩盖。目前主流的扫描电镜的重要突破之一是，通过降低入射电子的加速电压，就可以不镀导电膜层，直接观察非导电样品。

虽然降低加速电压带来了直接观察非导电样品的好处，但是也给电镜生产厂商带来了巨大的挑战。加速电压降低到3kV以下后，带来了一系列问题，主要是会导致电子枪的亮度降低，同时它的色差也会增大。这样，原来细聚焦的电子束“探针”的直径就会显著增加，导致图像分辨率严重降低。这也是自从20世纪60年代就有学者提出采用降低扫描电镜加速电压以对不导电样品直接观察的理论，但直到2000年后才真正实现商业化的低电压扫描电镜的原因所在。目前主流场发射扫描电镜的低电压分辨率（0.7—1nm@1kV）已经很好地满足不导电样品表征需求，不久前国产场发射扫描电镜也推出了能在低电压下获得图像的最新型扫描电镜，其1kV下的分辨率为3nm。

为了在低电压观察样品的同时不降低图像分辨率，通常的解决方案是通过施加减速电压、镜筒内减速或者单色器技术等。“但是不管哪种方案都涉及整个电子光学系统的重新设计和加工。施加减速电压以后，就相当于将样品表面作为一级透镜，多了这样一个‘透镜’，电子光学系统的设计就会更复杂，同时对系统的均匀性、稳定性要求就更高，些许的缺陷都会严重影响扫描电镜的低电压分辨率。”曾毅说。

“尽管目前国产扫描电镜占据的市场份额较小，技术指标也和主流电镜有一定差距，但是同主流产品相比并不存在不可逾越的技术鸿沟，如果能加大对自主科研装备的研发投入，同时配以政策引导，相信不久的将来，一定可以看到越来越多的国产扫描电镜出现在我国的科技事业舞台上。”曾毅说。

扫描电镜是观测材料微观结构的“相机”。从扫描电镜的全球市场格局来看，美国、日本、德国三足鼎立。其中，以日本日立、日本电子公司、美国 FEI 以及德国蔡司公司表现最为突出。

如今，扫描显微镜已成为现代科学技术中不可或缺的重要工具，预计 2022 年全球扫描电子显微镜市场将达到 29 亿美元。

早在 1590 年，荷兰的眼镜商就已经制造出类似显微镜的放大仪器；1654 年，荷兰人列文·虎克制成了第一台能将物体图像放大 270 倍的简易显微镜，超过了以往任何一种显微镜；1878 年，科学家制成现代的光学显微镜。

光学显微镜的应用，使人们用肉眼仅能够分辨 0.1 毫米的物体的极限被突破，达到了 0.2 微米。但是这并不能满足人们对微观世界进一步探索的渴望。1931 年，第一台电子显微镜出现。电子显微镜的分辨率可以达到纳米级，许多在可见光下看不见的物体（比如病毒）在电子显微镜下都现出了原形。

1975 年 8 月，中国科学院科学仪器厂自行研制我国第一台扫描电子显微镜 DX-3，分辨率为 10nm，加速电压 5kV~30kV，放大倍数从 20 倍~10 万倍。虽然近年来我国高度重视科研仪器的研发，但是就扫描电镜行业来说，依旧存在高质量电子光学系统生产困难、透镜内探测器设计难度较大、低电压分辨率需要突破等亟待解决的难题。

图书在版编目（CIP）数据
是什么卡住了我们的脖子 / 刘亚东主编. —北京：中国工人出版社，2018.12
ISBN 978-7-5008-6662-6
Ⅰ.①是…　Ⅱ.①刘…　Ⅲ.①科学研究工作—文集　Ⅳ.①G31-53
中国版本图书馆CIP数据核字（2018）第297020号

是什么卡住了我们的脖子

出　版　人　王娇萍
责任编辑　安　静
责任印制　栾征宇
出版发行　中国工人出版社
地　　址　北京市东城区鼓楼外大街45号 邮编：100120
网　　址　http://www.wp-china.com
电　　话　（010）62005043（总编室）
（010）62005039（印制管理中心）
（010）62382916（职工教育分社）
发行热线　（010）62005049　（010）62005042（传真）
经　　销　各地书店
印　　刷　北京美图印务有限公司
开　　本　710毫米×1000毫米　1/16
印　　张　12.25
字　　数　200千字
版　　次　2019年6月第1版　2023年4月第4次印刷
定　　价　42.00元